财政部规划教材

全国财政职业教育教学指导委员会推荐教材

全国高职高专院校财经类教材

金融服务礼仪

王 丹 曾 磊 主 编

中国财经出版传媒集团

经济科学出版社

Economic Science Press

图书在版编目（CIP）数据

金融服务礼仪／王丹，曾磊主编．—北京：经济科学
出版社，2019.10（2025.7 重印）
财政部规划教材　全国财政职业教育教学指导委员会
推荐教材　全国高职高专院校财经类教材
ISBN 978 - 7 - 5218 - 0848 - 3

Ⅰ.①金…　Ⅱ.①王… ②曾…　Ⅲ.①金融 - 商业服
务 - 礼仪 - 高等职业教育 - 教材　Ⅳ.①F830

中国版本图书馆 CIP 数据核字（2019）第 187996 号

责任编辑：刘殿和
责任校对：蒋子明
责任印制：李　鹏

金融服务礼仪

王 丹 曾 磊 主编

经济科学出版社出版、发行　新华书店经销

社址：北京市海淀区阜成路甲 28 号　邮编：100142

教材分社电话：010 - 88191354　发行部电话：010 - 88191522

网址：http://www.esp.com.cn

电子邮箱：bailiujie518@126.com

天猫网店：经济科学出版社旗舰店

网址：http://jjkxcbs.tmall.com

北京密兴印刷有限公司印装

787×1092　16 开　9.5 印张　240000 字

2020 年 1 月第 1 版　2025 年 7 月第 4 次印刷

ISBN 978 - 7 - 5218 - 0848 - 3　定价：33.00 元

（图书出现印装问题，本社负责调换。电话：010 - 88191510）

前言

　　本书是财政部规划教材。本书打破以知识传授为主要特征的传统学科教材模式，以虚拟人物"金融职场菜鸟小 A"的视角，记录小 A 在步入金融职场后对金融服务礼仪的认识，设置真实的职场情境，将礼仪学习融入职场情境，融入金融岗位工作过程中。教材按照"情境导入—任务描述—任务分析—任务实施"的环节来编写，力求增强教材内容与职业岗位能力要求的相关性，重视对学生职业能力的训练，而理论知识的选取则紧紧围绕项目任务完成的需要进行。全书共设计了 4 个项目，12 个模块，学生通过 4 个项目的学习，合作完成 12 个模块中的任务，能够在实际操作中掌握金融服务礼仪的基本知识，提升处理事务的能力和岗位职业素质。可作为金融管理类专业教材，也可作为在职人员的参考书。本书配备了电子课件等教学资料，形成立体化教材。

　　本书是多校合作、校企合作的成果，由王丹、曾磊担任主编，负责全书的整体策划与统稿工作。具体编写工作分工如下：项目一，江西经济管理干部学院刘佳编写；项目二，江苏财经职业技术学院曾磊编写；项目三，江苏财经职业技术学院王丹编写；项目四，吉林电子信息技术学院曲莉莉编写。

　　江苏银行淮安分行叶玉霞负责提供全书任务情境与相关案例，同时负责业务指导和场景拍摄。

　　本书在编写过程中，参考了国内外许多学者、专业人士的研究成果，在此谨向他们表示深深的谢意。部分图片来自网络，因无法找到原作者而没有注明，在此深表歉意。

　　由于水平有限，书中难免存在错误和疏漏之处，敬请同仁不吝赐教。

编者

2019 年 10 月

金融服务礼仪

——金融职场菜鸟小 A 的礼仪学堂

Hi，大家好，我是小 A，今天是我走上工作岗位的第一天，入职培训课上大领导说，进入金融职场，金融服务礼仪是必不可少的"傍身神器"，因为礼仪集中反映了一个人的道德修养、文化品位、审美情趣和个性气质。具备良好的礼仪修养，对个人来说，可以真实地展现自己的修养、风度和魅力，给人留下深刻的第一印象，改进人际关系，更好地实现自身在社会中的存在价值；对一个组织来说，礼仪代表一个企业的公众形象，企业员工的礼仪修养决定这个组织的集体文明程度、管理水平和社会公信度。金融服务礼仪是指在金融业务活动中通行的、带有金融行业特点的服务礼仪规范和准则，意义重大，其一，有助于提升金融行业服务人员的个人素质；其二，有助于更好地对服务对象表示尊重；其三，有助于进一步提高金融服务水平和服务质量；其四，有助于塑造和维护金融企业的整体形象；其五，有助于金融企业创造出更好的经济效益和社会效益。我一定要在做好工作的同时修炼好金融服务礼仪这一"傍身神器"，小伙伴们，和我一起走入金融服务礼仪学堂吧！

目 录

初入职场——认知金融行业礼仪修养

小 A 的话：我毕业后就要进入一家金融企业工作，现今的金融产品各企业趋同，要在激烈的竞争中保持优势，金融企业必须在开拓新业务的同时，为客户提供有特色的金融服务，以高质量的服务赢得客户。金融服务礼仪逐渐成为提高企业形象、扩大市场占有率的重要因素。因此，作为金融从业人员必须重视金融服务礼仪，让我们一起来学习相关的知识吧。

本项目内容结构（见图 1-1）

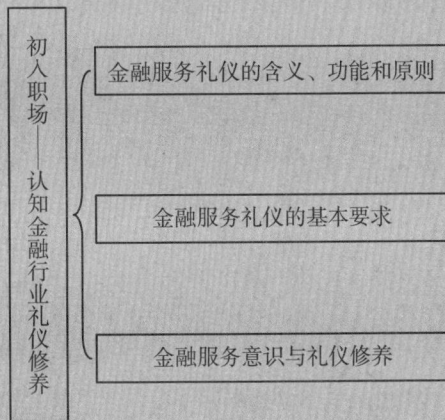

初入职场——认知金融行业礼仪修养

- 金融服务礼仪的含义、功能和原则
- 金融服务礼仪的基本要求
- 金融服务意识与礼仪修养

图 1-1　第一章内容结构

模块一　金融服务礼仪的含义、功能和原则

【模块导学】

中国素有"礼仪之邦"的美称。礼仪已成为个人立身处世、企业谋求生存的重要基石。中国加入世界贸易组织（WTO）后，国内的金融行业面临着前所未有的压力与挑战。在金融业高度同质化的今天，企业要在如此竞争激烈的环境中取得优势，必须不断推陈出新，更要重视服务水平的提高，优质的服务需要金融从业人员不仅具备系统的专业知识和娴熟的业务技能，还应具备相当的礼仪知识和技巧。每个工作人员的仪表风度、言谈举止，都在公众中塑造着企业的整体形象，反映了金融行业的服务水平。

【模块内容】

金融服务礼仪的含义
金融服务礼仪的功能
金融服务礼仪的原则

【学习目标】

知识目标：掌握礼仪修养的基本知识；掌握金融礼仪的含义和功能；了解金融服务礼仪的基本原则，结合专业明确金融礼仪的主要内容。

能力目标：在系统学习礼仪规范之前，掌握金融服务行业员工应具备的服务意识和礼仪规范，养成良好的习惯，提升个人素质，树立良好形象，获得更多就业机会，增强感知度。

情感目标：提高自身的礼仪修养和综合素质，提高服务水平；把金融行业礼仪的基本准则和规范转化为岗位必需的内在素质，成为举止得体、谈吐优雅、有品位的职场新人。

一、金融服务礼仪的含义

◆ **情境导入**

"人无礼则不生，事无礼则不成，国无礼则不宁。"人的言行在社会活动中是与其身份、地位和社会角色相适应的。必要的礼仪知识，有助于金融活动取得成功。在金融服务中以礼待人，不仅能塑造企业形象、传播沟通信息、提高办事效率，还能体现个人的道德水准和教育尺度。

◆ **任务描述**

了解金融服务礼仪的含义及内容。

◆ **任务分析**

礼仪是一种典章、制度，包括人的仪表、态度、礼节等，用以规范人的行为、举止，调整人与人之间的关系。在市场经济不断发展的今天，金融服务礼仪的影响越来越大。遵循礼仪规范，注重规避不合礼仪的言行，娴熟地运用谈话技巧、适度的礼仪活动，可以有效地促进金融交易的达成。

◆ **任务实施**

（一）礼仪的含义

何谓礼仪？"礼之名，起于事神。"《说文·示部》解释："礼，履也，所以事神致福也。"其本意是指敬神，表示敬意的活动；由于礼的活动都具有一定的规矩、仪式，于是就有了礼节、仪式的概念。进入文明社会以后，人们把这种礼仪活动由祈"神"转向敬人，首先用于宫廷，随后扩展到社会各阶层，运用于人们广泛的社会交往中。这样，凡是把人内心待人接物的尊敬之情通过美好的仪表、仪式表达出来，就是礼仪。

中华民族是人类文明的发祥地之一，文化传统源远流长，礼仪作为中华民族文明的标志，也有着悠久的历史。在我国古代，礼仪是"礼""仪"的合称。

从狭义上讲，"礼"指礼貌、礼节，"仪"则指仪表、仪容、仪式；从广义上讲，"礼"是我国古代制定的行为准则和道德规范，"仪"则是一种法度和准则。

"礼"的含义有以下四个方面：表示敬意的通称，如敬礼、礼貌等；为表示尊敬或表示隆重而举行的仪式，如婚礼、丧礼等；泛指社会生活中的某种社会准则、道德规范；指礼物，如礼品、送礼等。

"仪"的含义有以下五个方面：指法律、准则；指典范、表率，如礼仪小姐、仪仗等；指程序、形式，如司仪、仪式等；指容貌、风度，如仪表、仪态等；指礼物，如贺仪、谢仪等。

汉语词典中对"礼仪"一词是这样定义的：礼仪是在人际交往中，以一定的约定俗成的程序方式来表现的律己敬人的过程，涉及穿着、交往、沟通、情商等方面的内容。随着社会和时代的发展，礼仪的重要性日益凸显，而规范和成熟的礼仪体系首先是约束及规范社会成员思想和行为的社会力，同时也是群体成员表达自己群体属性，获得别人认同和接纳的重要方式。正像荀子所说，"人无礼则不生，事无礼则不成"。可以说，礼仪是人们生活中的重要媒介。

想一想：为什么要学习礼仪？不懂礼仪的结果会怎样？

（二）服务礼仪

服务礼仪就是服务人员在工作岗位上，通过言谈、举止、行为等，对客户表示尊重和友好的行为规范和惯例。简单地说，就是服务人员在工作场合适用的礼仪规范和工作艺术。形象是礼仪最直观的体现，服务礼仪是体现服务的具体过程和手段，使无形的服务有形化、规范化、系统化。其最直接的体现则是一线面对客户的金融机构的从业人员的职业形象和礼仪。有形、规范、系统的服务礼仪，不仅可以塑造服务人员和金融企业良好的形象，更可以树立起受客户欢迎的服务规范和服务技巧，能让服务人员在和客户交往中赢得理解、好感和信任。热情周到的态度、敏锐的观察能力、良好的语言表达能力，以及灵活、规范的时间处理能力，可以提高企业效益、提升企业竞争力。

服务礼仪主要可分为静态和动态礼仪两方面。静态礼仪主要是指我们的仪容仪表、服饰礼仪留给他人的影响，而动态礼仪则更侧重体现人的面部表情、微笑、仪态、行为举止等礼仪规范。不同的行业和文化背景的金融机构、企业对员工的职业形象有不同的要求。

作为服务人员来说，学习和运用服务礼仪，已不仅是自身形象的需要，更是提高效益、提升竞争力的需要。如何做好服务工作，不仅需要职业技能，更需要懂得服务礼仪规范，要有热情周到的态度、敏锐的观察能力、良好的语言表达能力，以及灵活、规范的事件处理能力。

（三）金融服务礼仪

金融服务礼仪，是指在金融服务活动中，从业者在自己的工作岗位上所应当严格遵守的行为规范。

第一，仪容仪表，即外表，重点是头、面部和手。男士鼻毛不能过长，不能有发屑，一般身上不能有怪味，头发也不能太长；女士应化职业淡妆，过肩长发应束起，同时注意手部的整洁。

第二，表情。这是人的第二语言，表情要配合语言。表情自然，切忌假模假样，应友善而没有敌意。友善是一种自信，人们交往时感情要良性互动，要双方平等沟通。面对服务对象更应如此，亲切而热情。

第三，举止动作。举止要有风度，而风度就是优雅的举止，优雅的举止实际上是在充满了自信、良好文化内涵基础上的一种习惯的、自然的举止动作。举止文明，尤其是在大庭广众面前，我们必须要树立个体即代表集体的理念，如不能当众随意整理我们的服饰，不能当众处理我们的杂物等。举止优雅而规范，应站有站姿，坐有坐相。

第四，服饰。服饰代表个人修养和审美情趣，也是企业规范的一种形象的体现。一般金融行业的从业人员都要求穿工装，但在不要求穿着工装的人际交往中，服饰的问题，首先应考虑适合本人的身份地位，其次要学会不同的服饰搭配，要给人一种和谐的美感。

第五，谈吐，一般要讲普通话。首先，要注意音量的控制，声音过大显得没有修养，说话声音低一点则既符合行为规范，又悦耳动听。其次，慎选内容，言为心声。

另外，在金融服务中，礼貌用语的正确使用也很重要，在明确该说什么和不该说什么的同时，更应注意该怎么说。

随着科技的发展，信息也多元、快捷，技术、产品、营销策略等很容易被竞争对手模仿，而代表组织形象和服务意识——每位服务人员所表现出来的思想、意识和行为是不可模仿的。在市场经济条件下，商品的竞争就是服务的竞争，要把客户服务放在首位，最大限度为客户提供规范化、人性化的服务，以满足客户需求。现代金融企业必须在服务上下工夫，才能在同行业中获得持续较强的竞争力。

想一想：对于服务行业的从业人员来说，首先要树立的信念是"服务是一种修行"。你如何理解这句话？

二、金融服务礼仪的功能

◆ **情境导入**

礼仪在行为美学方面指导着人们不断地充实和完善自我，并潜移默化地熏陶着人们的心灵。它能帮助个人树立良好的形象，提升个人的素养，提升企业的竞争力，使人们的谈吐变得越来越文明、举止仪态越来越优雅、装饰打扮更符合大众的审美原则。

◆ **任务描述**

了解金融服务礼仪的功能。

◆ **任务分析**

客户已经比从前更在意自己的服务感受，对服务有了更多的要求，对服务品质有了更高的期待，金融企业更应该意识到把服务作为自己的竞争砝码，提高服务质量才能获得客户的支持和信赖。而礼仪作为一种行为规范和服务规范，对于服务品质的提升具有重要的意义和作用。从金融服务礼仪的功能出发，说明服务礼仪的重要性，以提高交易的成功性。

◆ **任务实施**

金融行业是现代社会的一个重要组成部分，是传播文明的重要窗口之一，提高金融从业人员服务质量，可使企业在同业竞争中占据优势地位。

（一）金融服务礼仪可以快速提升企业的竞争力

随着金融全球化，我国金融市场逐渐形成了多元化的竞争格局，民营银行、外资银行的加入，财务公司、信贷公司如雨后春笋般的兴起，使得国内金融企业面临着前所未有的压力与挑战。

金融企业的产品越来越难以满足客户的需求，技术上也很难长期保持领先，客户在购买金融商品时，不但希望买到优质产品，而且还希望获得满意的服务。所以，作为向客户提供服务的金融服务人员，面对客户多样化需求以及其他金融机构的竞争，在提供客户服务时面临的压力也逐渐加大，特别在对客户需求的把握、高效率的服务、产品信息的丰富度、竞争优势宣传等方面受到各类金融服务机构的冲击。各金融企业要在如此复杂的环境中谋求生存与发展，就必须在开拓新业务的同时，更加重视服务水平的提高，以高质量的服务赢得客户。

金融服务礼仪不仅能对金融服务人员仪表风度、言谈举止等进行指导，从而使其服务交往变得容易进行，而且还能帮助服务人员养成良好的服务意识。礼敬的人，使客户最大限度地得到物质和精神上的满足，就一定能够赢得客户的认可，从而有效地提升本企业的竞争能力，使企业取得更好的经济效益。

（二）金融服务礼仪有利于提高金融行业服务人员的整体素质

比尔·盖茨曾说，企业竞争，是员工素质的竞争。他认为员工素质的高低反映了一个公司的整体水平和可信程度。教养体现于细节，细节展示了素质。因此规范、注重服务礼仪，有助于提高服务人员的个人素质和自身职业竞争力。

对金融行业来说，培养一支思想素质和业务素质好的员工队伍是做好金融工作的关键。礼仪教育是培养高素质员工不可或缺的内容。金融服务礼仪为金融行业服务人员在服务过程中使自身的行为符合服务对象的要求提供了依据，也有助于金融行业服务人员个人素质的提高。它不仅使金融工作交往变得顺利，让客户感觉轻松和愉快，还能使工作人员通过良好的服务意识针对服务对象的需求作出适时的反应，从而让服务对象满意。

（三）金融服务礼仪可以有效地塑造并维护企业的整体形象

让顾客满意，为顾客提供优质的产品和服务，是良好企业形象的基本要求。良好的企业形象是吸引消费者、扩大企业市场份额的有效保证。塑造并维护金融企业的整体形象不是为了自我欣赏，而是为了服务对象。在一定意义上，规范化的礼仪服务，能够最大限度地满足客户在服务中的精神需求。金融企业的每位从业人员都是代表企业形象的活体广告，都以良好的礼仪形象出现在客户面前，便形成了一个企业整体的形象。

金融行业的从业人员不但要具备精深的专业水平和娴熟的业务技能，更要了解、掌握并自觉遵守金融职业礼仪的技巧和规范，举手投足、言语谈吐、穿着打扮，都代表着一家金融企业的外在形象和内在管理。人们对一个企业的认识，首先是从该企业为服务对象提供的服务开始的。因此，好的服务礼仪可以塑造、完善一个企业、一个地区乃至一个国家的整体形象。

（四）金融服务礼仪可以为企业创造更多的经济效益

礼仪是企业的无形资产，不仅能展示企业的文明程度、管理风格、道德水准和良好的形象，而且还能为企业带来巨大的经济效益和社会效益。对于金融企业来说，市场竞争日益激烈，企业在大力提升"硬件"条件的同时，必须努力在"软件"提升上下工夫。

以良好的礼仪接待每一位客户，从而达到优质服务这一目的，是企业生存和发展的关键所在。金融行业员工对客户礼貌的接待、亲切的问候、甜美的微笑、优雅的气度、热情周到的服务，会给客户留下良好的第一印象，这是培养忠诚客户的基础。所以讲究金融服务礼仪，可以提高金融企业的服务水平和服务质量，更好地满足客户的需求，可以给金融企业带来更多的社会效益。

三、金融服务礼仪的原则

◆ 情境导入

随着社会经济的发展，服务对象日趋复杂，对从事服务业的广大员工也提出了更高的要求。把客户服务放在第一位，最大限度地为客户提供规范化、个性化的服务，是所有服务人员都应该思考的课题。商品的竞争就是服务的竞争，要将硬件建设和软件服务有效地结合起来，只有对服务礼仪中的这些基本原则有详尽的了解，才能将它们自觉地运用到服务实践中。因此，每一个即将走上工作岗位的金融服务人员或者已经从事金融服务行业的人员，都应该从自身需要和事业的发展两个方面来认真学习服务礼仪知识。

◆ **任务描述**

了解金融服务礼仪的原则。

◆ **任务分析**

金融服务礼仪是一门针对性与实用性很强的礼仪学科，具有严格的规范性和更强的可操作性，要求服务人员在工作中必须依据严格的礼仪规范，约束和指导自己的服务行为。

◆ **任务实施**

（一）客户取向

1. 满足顾客需求是服务人员的最高行为准则。服务关系是一种服务人员对顾客需求的单向满足关系，从内容上讲，服务就是服务人员满足顾客需求的行为。因此，顾客的需求是服务行为的出发点，也是衡量服务行为是否合适的最后标准，只有符合顾客需求的行为才是正确的服务行为。

2. 善解人意。由于服务在本质上表现为服务提供者满足消费者需求的交往活动，因此，要为顾客提供优质的服务，首先必须了解顾客需要什么、何时何处需要以及怎样需要，然后努力以顾客喜欢的方式为顾客提供他想要的服务。一位称职的服务人员必须能够设身处地地为顾客着想，关心顾客的需求，照顾顾客的需求，随时准备满足顾客提出的要求，并以顾客希望的方式作出反应。

3. 对顾客忠诚。由于服务的产生与服务的消费是同时进行的，因此，顾客一般不能在消费服务之前了解服务的质量。也就是说，只有当顾客消费了服务之后才能体验服务的质量，而有些服务甚至在消费之后也未必能完全确定服务的质量。服务消费的这一特点使得大多数顾客在消费服务时有一种明显的不安全感，他们一方面无法证实所购买的服务是否正是自己需要的服务，或者无法对所需的服务作出正确的选择；另一方面又担心自己购买的服务产品可能是质次价高的。只有服务人员的忠诚服务才能帮助顾客消除不安全感，使其在轻松愉快中获得所需服务。

4. 让顾客选择。当顾客不知道服务提供者究竟能提供什么服务时，服务人员应主动为顾客介绍；当顾客不知道何种服务适合自己需要时，服务人员可以真诚推荐。但服务人员在任何时候都没有权利代替顾客选择，只有顾客自己才有权决定是否购买服务，也只有顾客自己才有权选择需要什么服务。

5. 给顾客方便。顾客购买服务的原因之一是因为服务能带给自己方便。因此，顾客在接受服务时，期待的是方便而不是麻烦，只有为顾客提供了可靠、迅速和准时的服务，才能留住顾客。

（二）顾客满意

1. 宾至如归。宾至如归是指让顾客感觉像在自己家一样熟悉、安全、自在。顾客购买服务、消费服务是为了受到接待和尊敬、得到关心和帮助、获得安全和保证。因此，让顾客满意的服务，应首先设法为顾客营造一种"宾至如归"的感觉。这种"宾至如归"的感觉让顾客在熟悉、安全的氛围中体验轻松、愉快的服务：首先，让顾客觉得亲切；其次，让顾客觉得可以信赖。

2. 殷勤服务。所谓殷勤服务就是服务人员充分考虑顾客的各种需求，并及时、主动地给予满足。尽可能地满足顾客提出的服务要求只是服务的基本，令顾客满意的优质服务应是主动地提供顾客需要但没有提出的服务，或是他们需要的但还没有意识到自己所需的服务。如果服务人员以顾客满意作为服务工作的目标，那么，他们必然会主动、积极、尽心尽力地为顾客提供所需服务。在服务之前，仔细研究和了解顾客的需求，为满足顾客可能有的各种需求预先做好充分而周全的准备。在服务过程中及时捕捉顾客的需求，并给予最及时的满足。

3. 尊重顾客。尊重顾客是对顾客与众不同方面的认可和欣赏。从人的心理需求来讲，人们总是首先需要集体的归属感，正是集体的归属感让人感到安全。但是，人们的安全感得到满足以后，就会进一步寻求自我的展现和个性的发挥。以和蔼可亲的态度接待顾客是对顾客集体归属感需求的满足，而以欣赏的眼光去发现、认可顾客与众不同的地方，是对顾客自我张扬需求的满足。因此令顾客满意的服务不仅要热情周到，而且还要有能力帮助顾客实现自我张扬，从而让顾客对他们自己满意。帮助顾客实现自我的张扬就是让服务场所成为顾客自我表现的舞台，为顾客创造自我表现的机会，并让自己成为顾客自我表现的忠实观众。

尊重顾客首先要从心底接受顾客的一切，特别是与自己不同的方面；尊重顾客还需要服务人员自觉抑制个人自我表现的欲望。

4. 一视同仁。让每一位客人都在你的招待下，感觉自己和别人一样重要，甚至比别人更重要。对于服务人员来说，所有的顾客只有一种身份，即他们的服务对象，因此，每一位顾客都是服务人员应尽心尽力去服务的"上帝"。顾客的地位是同等的，不管他们是什么职业、性别、年龄、籍贯和种族，他们的需求应得到同等程度的重视和关心，决不能让顾客有被冷落、被歧视、受到不平等接待的感觉。然而，一视同仁并不意味着所有的顾客都应得到完全一样的服务，它并不排斥对顾客的个性化服务。

5. 认真对待顾客意见。尽管服务组织和服务人员竭力为每一位顾客都提供最好的服务，但却不能因此就保证让每一位顾客都获得满意的服务。在服务实践中，无论是在顾客实际存在的需求与服务提供者意识到的顾客需求之间，还是在已认识到的顾客需求与根据顾客的需求所设计的服务内容之间，以及制度上设计的服务与实际上提供的服务之间，都有可能存在着差距。

练一练：小王是某银行的优秀员工，有一天，一对手牵手的夫妻来银行办理业务，小王见到顾客马上满脸笑容地说："您好！看见你们这么恩爱，真让人美慕！请问我能帮你们什么忙呢？"小王的话让夫妻笑得更甜了，他们很快顺利完成了交易。请分析一下，小王为什么能获得如此良好的接待效果？

（三）顾客至上

1. 不拒绝顾客的要求。不能拒绝顾客的要求意味着对于顾客提出的任何正当、合理的要求，服务人员都应想方设法、尽最大努力去满足。在确实没有办法能满足顾客的要求之前，绝对不能简单地对顾客说"不"字。由于条件限制，不能用顾客要求的特定方式或对象满足顾客的需要时，应先考虑能否用替代的方式和对象满足顾客的需要，不是简单地拒绝顾客，而是应委婉礼貌地向顾客提出建议，试着以另一种顾客可能接受的替代对象或方式去满足顾客的需要。事实上，人的同一种需求常常可以以不同的对象和不同的方式来满足。一个服务人员在任何情况下都应为不能满足顾客的需求而深感歉意。

2. 顾客的事是大家的事。在顾客与服务组织的接触中，顾客所遇到的任何不方便和不愉快都会影响到顾客对服务质量的整体感知。或者说，服务单位在为顾客提供服务时，任何一个细微环节的差错或忽视都会导致前功尽弃。因此，只有每一位员工都意识到顾客的事是大家的事，从而自觉地把顾客的事当作最重要的事来对待，才有可能为顾客提供令人满意的优质服务。

3. 不给顾客带来任何不愉快。服务人员在与顾客交往时，自始至终都应保持愉快、亲切的服务态度，任何时候都不应该以生硬和冷漠的服务态度接待顾客，任何原因都不应成为服务人员发脾气、使性子、耍态度和失礼貌的理由。

4. 不干扰顾客。顾客在接受服务时有权要求自己的清静和自由不受干扰。如果顾客对服务的享用是以不断被打扰为代价的，那么，这种服务就失去了意义。因此，不干扰顾客或零度干扰应是服务提供者努力追求的一个服务目标。

5. 不冒犯顾客。服务人员与顾客之间的交往能否顺畅、愉快，在很大程度上取决于服务人员是否懂得如何去保护顾客的自尊心。因此，服务人员在工作过程中，绝不能有任何损害客人自尊心的行为。如果顾客对某些服务项目不太熟悉而表现得比较笨拙时，服务人员不应以优越者的身份告诉顾客应该怎么做，更不能因此嘲笑顾客；如果顾客的行为不符合公共场所的行为要求，应以温和的并略带歉意的语气去制止顾客，而不应对顾客进行厉声呵斥；如果顾客提出不合理的要求，服务人员只能礼貌地予以拒绝，不能因顾客的无理而失去对顾客应有的礼貌；如果顾客对服务表现出不满意，服务人员应虚心接受，不能为自己"据理力争"；如果因顾客的不配合，造成工作的不便，也不能因此责怪、埋怨顾客；如果顾客行为偏激、情绪激动，服务人员不应"以牙还牙"，而应耐心地向顾客解释；如果顾客有意为难服务人员，并表现出不友好的态度，服务人员应克制和忍耐，千万不能针锋相对。

6. 顾客是上帝。"顾客是上帝"最为生动形象地体现了顾客至上的服务原则。顾客之所以是上帝，因为顾客是企业的生存之本、发展之源。也就是说，顾客是我们的衣食父母，没有顾客的支持，一切都将无从谈起。因此，只有为顾客提供了令人满意的服务，服务组织和服务人员才有生存和发展的机会；也只有把最好的服务提供给顾客才能回报顾客的眷顾。正是从这个角度讲，顾客的需求、顾客的满意是至高无上的。

总之，为顾客着想，无论怎么样都不过分。"顾客总是对的"，因为，在服务工作中并不存在是非对错的问题，而只存在顾客是否得到了满意的服务问题。无论怎样都应保持亲切愉快、热情周到的服务态度。

想一想：假设你是一名银行的大堂经理，根据工作实际，你会为你的顾客提供什么服务内容，让顾客有宾至如归的感觉？

◆ **反馈小结**（见图 1 - 2）

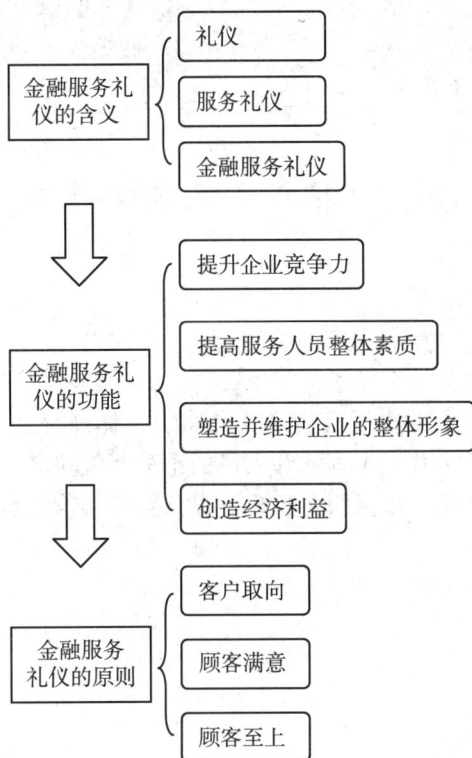

图 1 - 2　金融服务礼仪

【模块知识巩固】

选择题

（1）"礼仪"中的"礼"包括哪几个方面的含义（　　）。

　　A. 表示敬意的通称

　　B. 为表示尊敬或表示隆重而举行的仪式

　　C. 泛指社会生活中的某种社会准则、道德规范

　　D. 指礼物

（2）"礼仪"中的"仪"包括哪几个方面的含义（　　）。

　　A. 法律、准则　　　　　　　　　　B. 典范、表率

　　C. 程序、形式　　　　　　　　　　D. 礼物

　　E. 容貌、风度

（3）金融服务礼仪的功能包括（　　）。

　　A. 可以快速提升企业的竞争力

　　B. 有利于提高金融行业服务人员的整体素质

　　C. 可以有效地塑造并维护企业的整体形象

D. 可以为企业创造更多的经济效益

（4）金融服务礼仪中顾客满意主要指（　　　）。

A. 一视同仁　　　　　　　　　　B. 宾至如归

C. 尊重客户　　　　　　　　　　D. 殷勤服务

E. 认真对待客户意见

模块二　金融服务礼仪的基本要求

【模块导学】

金融行业是窗口行业，与社会接触面最大，与人们的经济生活息息相关。服务质量的优劣直接体现金融行业服务人员的文明程度和文化素养，体现金融行业的服务质量和管理水平。从某种意义上讲，也关乎着一个国家和人民的精神面貌和道德水准。从根本上提升服务品质、打造行业核心竞争优势、增强服务意识、提升服务素养是金融服务礼仪对金融行业及员工提出的基本要求。

【模块内容】

金融服务礼仪的基本要求

【学习目标】

知识目标：了解金融行业工作人员服务礼仪的基本要求。

能力目标：通过学习培养学生爱岗敬业的金融职业精神，使学生不仅能够理解礼仪的内涵，且还要熟悉金融职业服务礼仪的基本要求，并且能自觉遵守金融服务礼仪规范。

情感目标：培养学生的岗位意识及岗位荣誉感，帮助学生树立正确的职业理念，从而达到金融职业精神培养的目的。

◆ 情境导入

新的形势下，金融业面临的竞争越来越激烈，要在竞争中求生存、谋发展的关键在于良好形象的树立和优质高效的服务。金融服务礼仪是金融行业展示给顾客的第一印象。这就要求金融从业人员不但应具备娴熟的业务技能和精湛的专业水平，更应了解、掌握金融服务礼仪的基本要求。

一、金融服务礼仪的基本要求

◆ 任务描述

了解金融服务礼仪的基本要求。

◆ **任务分析**

礼仪作为社会交往中行为规范的准则，是由人们共同完善、共同遵守认可的。在金融服务过程中，人们应当自觉学习和遵守现代礼仪，按章办事。金融服务礼仪的基本要求是服务人员处理人际关系的出发点和指导思想。

◆ **任务实施**

（一）职业道德

职业道德是从业人员必须遵循的根本行为准则。服务行业的职业道德是指服务人员在接待自己的服务对象，处理自己与服务对象、自己与所在单位和国家质检的相互关系时所应当遵循的行为准则。爱岗敬业、忠于职守，这是职业道德有别于其他道德的主要特征。

金融职业道德，是指在金融从业活动中应遵循的、体现金融职业特征的、调整金融从业人员的职业行为准则和规范，是一定的社会道德原则在金融职业活动中的反映，也是基本道德规范在金融工作中的具体体现。各类金融机构在业务特征、经营范围等方面存在差别，但同属经营金融产品的特殊行业，都具有高风险、高负债、高回报等共同特点。也正是由于金融这一特殊行业所具有的共性，决定了在这一行业里从事职业活动的每一个人都必须遵循这一行业的职业行为准则，努力提高自身的职业道德水平。其具体内容主要包括爱岗敬业、坚守诚信、办事谨慎三个方面的规范化要求。

1. 爱岗敬业。这是每位金融从业人员做好本职工作的基础和条件，是其应具备的基本道德素养。服务人员要做到爱岗敬业，就要努力做到热爱自己所从事的本职工作，热爱自己的工作岗位，树立良好的职业责任感和荣誉感，忠实地履行自己的职责，维护本职业的利益，担负本岗位的责任；在工作上认真负责，在技术上精益求精，力求掌握最好的职业技能。在服务态度上必须对自己有一定的、规范化的要求。

2. 坚守诚信。诚信是市场经济的基石，是金融从业人员和金融行业的安身立命之本。诚实信用既是一种道德品质和道德信念，也是每个公民的道德责任，更是一种崇高的人格力量。诚信是金融人员的必要美德，它对金融业发展来说，是一种形象、一种品牌、一种信誉，是企业兴旺发达的基础。金融工作要广泛接触群众，诚信为本、一诺千金，是金融业发展壮大的基础。将诚实信用融入职业道德的各个领域，培养从业人员诚实守信的观念，忠诚于自己从事的职业，信守自己的承诺。

3. 办事谨慎。不敢疏忽是金融从业人员应有的品质。始终养成小心谨慎的工作习惯，是金融安全的保障，是防偷、防错、防遗失、防灾害损毁、防诈骗等有力措施；谨慎行事必须贯穿到金融工作的方方面面、时时刻刻，不容许些许的粗心大意或疏忽遗漏。

（二）角色定位

角色定位理论是服务礼仪的基本理论之一。该理论指出，服务人员在工作岗位上最需要为自己所扮演的角色定位，即确定自己的社会角色，而不是自己在生活中所扮演的角色。同时，还需要准确地判断顾客的角色。只有准确地确定了双方各自所扮演的特定角色，服务人员为服务对象所提供的服务才能够比较符合要求和比较到位。角色定位的内容包括确定角色、设计形象、不断调整。

1. 确定角色。角色定位理论认为，每个人在日常生活中都扮演着一定的角色，而在不同的场合，人们所扮演的角色是不同的。服务人员在工作岗位上最需要为自己所扮演的角色定位。

2. 设计形象。为自己进行形象设计，实质上就是要求本人的角色定位更加具体化、形象化和明确化。服务人员的角色应该是"服务于人"。因此，服务人员在为自己做相应的形象设计时，就必须恪守本分，以朴素、大方、端庄、美观为第一要旨。在工作岗位上，服务人员的一切行为都必须与这个形象相符，不得背道而驰。

3. 不断调整。在服务过程中，服务人员对自己与服务对象所进行的角色定位并非是一成不变的，而是不断地有所变化、有所调整。因为服务人员对服务对象的了解需要一个过程，所以，服务人员对其服务对象的角色定位就会随着了解的增加而有所变化和调整。

金融行业的工作人员在工作岗位上所要扮演的角色，是为顾客和社会服务，并且要意识到，自己所从事的工作是极其重要且光荣的。金融行业工作人员在对服务对象进行角色定位时，主要是基于对方的性别、年龄、气质、教养、仪容、仪态、服饰、语言等所进行的综合观察，尽可能多地了解客户的需求，以便在为顾客服务时做到"投其所好"。

（三）双向沟通

双向沟通理论是服务礼仪的重要理论支柱之一，是以服务人员与服务对象之间相互交流、相互理解、相互合作为基本前提的，没有服务人员与服务对象彼此之间的相互交流、相互理解，服务人员就不可能给服务对象提供令人满意的服务。具体而言，要掌握双向沟通原则，就必须要做到：

1. 理解服务对象。人是需要理解的，在金融服务工作中，所谓理解就是对服务对象的理解，要使交易顺利进行，就要理解服务对象的身份、职业、性格，包括对服务对象需求的理解。当然，对于人人皆有的正常需要服务人员比较容易把握，而对于不尽相同的个人的特殊需要，把握的难度较大。这就要求服务人员在做服务工作时，必须对两者给予高度重视，而不能对其完全忽略，或者偏废其一。在金融服务岗位上，只有正确地理解服务对象，服务人员才能够以自己的优质服务去充分地满足对方的实际需要。

2. 加强相互理解。在服务过程中，要实现对服务对象的真正理解，就必须将这种理解完全建立于相互理解的基础上。在一般情况下，服务人员与客户之间的相互理解，往往是达成交易的基本前提。在服务过程中，服务人员必须认识到，仅有自己对服务对象单方面的理解是远远不够的，成功的任何形式的服务，都有赖于服务人员与服务对象在服务过程中彼此之间的相互沟通和理解。

3. 建立沟通渠道。要想在服务过程中实现双方的相互理解，就必须建立起一种约定俗成的、相对稳定的沟通渠道。沟通渠道，是服务方与被服务方实现相互理解的一种捷径，没有沟通渠道就没有相互理解。

（四）3A 法则

每个人都有自己被认同、受人欢迎的愿望。美国学者布吉林教授等经过多年的研究，提出了 3A 法则，即在人际交往中要接受别人、重视别人、赞美别人，是我们向别人表达善意的一个非常具有可操作性的技巧。由于英文里，接受（Acceptance）、重视（Attention）、赞美（Admiration）都是以 A 字母打头，所以它们又被称为 3A 法则。

3A 法则主要是有关服务人员向服务对象表达敬重之意的一般规律。它告诫全体服务人员，想要向服务对象表达自己的敬意，并且能够让对方真正地接受自己的敬意，关键是在向对方提供服务时，以自己的实际行动去接受对方、重视对方、赞美对方。

1. 接受客户。3A 法则首先要求服务人员亲和友善地接受服务对象。俗话说"十里不同风，百里不同俗"，每个人的性格、习惯也会不同，做好服务接受对方是前提。对于服务工作者来说更是如此，对客户要热情相迎，来者不拒，不应怠慢服务对象、冷落客户、排斥客户、挑剔客户、为难客户，应当积极、热情、主动地接近客户，淡化彼此之间的戒备、抵触和对立的情绪，恰到好处地向客户表示亲近友好之意，将客户当成自己人来看待。只有做到充分尊重客户和客户的每一项需求，并以热情的工作态度去关注客户，客户才有可能对你的服务感到满意，你才能在竞争中处于有利的位置。

2. 重视客户，是要求服务人员实心实意地重视服务对象。它主要表现为认真对待服务对象，并且主动关心服务对象。服务人员在工作岗位上要真正做到重视服务对象，首先应当做到目中有人，召之即来，有求必应，有问必答，想对方之所想，急对方之所急，充分满足对方的要求，努力为其提供良好的服务；其次，服务人员要做到牢记服务对象的姓名、善用服务对象的尊称、倾听服务对象的要求。

耐心倾听服务对象的要求，本身就会使对方在一定程度上感到满足，其实质就是对被倾听者最大的重视。只有耐心地、不厌其烦地倾听了服务对象的要求或意见，才能充分理解对方的想法，才能更好地为对方服务。

服务人员在倾听服务对象的要求或意见时，切忌弄虚作假、敷衍了事。一般来讲，当服务对象阐明己见时，服务人员理当暂停其他工作、目视对方，并以眼神、笑容或点头来表示自己正在洗耳恭听。

3. 赞美客户，实质上就是对客户的接受、重视及肯定。从某种意义上说，赞美他人实质上就是在赞美自己，每个人都有长处，送人玫瑰手有余香。金融服务人员应尽量去赞美每天见到的客户，赞美要真诚，实事求是，不能适得其反。从心理上来讲，所有的正常人都希望自己能够得到别人的欣赏与肯定，而且别人对自己的欣赏与肯定是多多益善。一个人在获得别人的赞美时内心的愉悦程度，常常是任何物质享受均难以比拟的。

位置决定态度，当服务人员在和客户打交道时，摆正了自己的位置，心态就容易得到比较好的调整和控制。所以，金融服务从业人员在日常工作中，在压力比较大的时候，要想一想 3A 法则，要坚持接受对方、重视对方、赞美对方。这是一种教养，也是一种规范。如果能够做到这 3A 的话，客户一定会满意，服务质量也就提高了。

（五）首轮效应

首轮效应，有时亦称首因效应。该理论的核心是：人们在日常的生活中，初次接触某人、某物、某事时所产生的即刻印象，通常会在对该人、该物、该事的认知方面发挥明显的甚至是举足轻重的作用。对于人际交往而言，这种认知往往直接制约着交往双方的关系，所以服务行业及其全体从业人员应该对其给予高度的关注。服务人员在面对顾客时，应力求使对方对自己产生较好的第一印象、萌生好感，这样双方才能和睦相处，客户才会对服务人员所提供的各项服务满意。

第一印象是人们依据性别、年龄、体态、姿态、谈吐、面部表情、衣着打扮等，对一个人的内在素养和个性特征的判断。首先，我们要面带微笑，给人以热情、善良、友好、诚挚的印象；其次，应使自己显得整洁，留下严谨、自爱、有修养的第一印象；最后，要使自己显得可爱可敬，这是通过我们的言谈、举止等实现的。服务人员在运用首轮效应原则时，要注意两个问题：一是要真正认识到，在人际交往中留给他人良好第一印象的重要性。二是要充分了解到，自己欲给客户留下良好的第一印象需要从哪些细节入手。

（六）末轮效应

末轮效应是相对首轮效应而言的，强调服务结尾的完美和完善，即要"功德圆满"。在人际交往过程中，人们所留给交往对象最后的印象通常也是非常重要的。在许多情况下，它往往是一个单位或某一个人所留给交往对象的整体印象的重要组成部分，甚至直接决定着该单位或个人的整体形象是否完美，以及完美的整体形象能否继续得以维持。核心思想是要求人们在塑造单位或个人的整体形象时，必须有始有终、善始善终、始终如一。所以，它特别主张在人际交往的最后环节，争取给自己的交往对象最后留下一个尽可能完美的印象。

所以，服务行业与服务人员都要特别注意，在为服务对象进行服务的整个过程中，如欲给对方留下完美的印象，不仅要注意给对方留下良好的第一印象，而且也要注意给对方留下良好的最终印象，两者缺一不可。运用末轮效应理论，应注重抓好最后环节、做好后续服务等工作。

（七）提倡零度干扰

零度干扰理论，是服务礼仪的一个重要的支柱型理论。主张服务行业与服务人员在向服务对象提供具体服务的过程中，必须主动采取一切行之有效的措施，将对方所受到的一切有形或无形的干扰减少到所能够达到的极限，也就是要力争达到干扰为零。实践证明，服务对象的文化程度越高，在其享受服务的整个过程中便越不希望受到任何形式的干扰。

服务行业与服务人员在向服务对象提供具体服务的一系列过程中，零干扰的主旨就是要求服务人员在服务过程中，为服务对象创造一个宽松、舒畅、安全、自由、随意的环境，使对方在享受服务的整个过程里，保有良好的心情，对服务始终满意。

要贯彻落实好这个意图，就应当特别注意以下三个方面。

第一，创造无干扰的环境。任何一个服务场所的周边环境，或多或少都对服务对象构成一定的影响。在某种程度上，服务场所的周边环境，实际上也是整体服务的有机要素之一。为服务对象创造无干扰的周边环境，服务行业与服务人员应特别注意讲究卫生、重视陈设和装潢、限制噪声、注意气象条件、注意光线与色调。

第二，保持适度的距离。人际距离，一般是指在人与人所进行的正常交往中，交往对象彼此之间在空间上所形成的间隔，即交往对象之间彼此相距远近。在不同的场合和不同的情况下，交往对象之间的人际距离通常会有不同的要求。心理学实验证明，人际距离必须适度。人际距离过大，容易使人产生疏远之感；人际距离过小，则又会使人感到压抑、不适或被冒犯。总之，人际距离过大或过小均为不当，都是有碍于正常的人际交往的。

第三，热情服务无干扰。主要指真正受到服务对象所欢迎的服务人员的热情服务，必须既表现得热烈、周到、体贴、友善，同时又能善解人意，为服务对象提供一定的自由度，不至于使服务对象在享受服务的过程中，受到服务人员无意中的骚扰、打搅、纠缠或者影响。

　　练一练：某银行营业部突然停电，全力抢修的过程中让 20 位排队等候的顾客等了 20 多分钟。面对客户，分组讨论银行应遵循哪些服务规范和标准，文明礼貌地做好服务工作？

◆ **反馈小结**（见图 1-3）

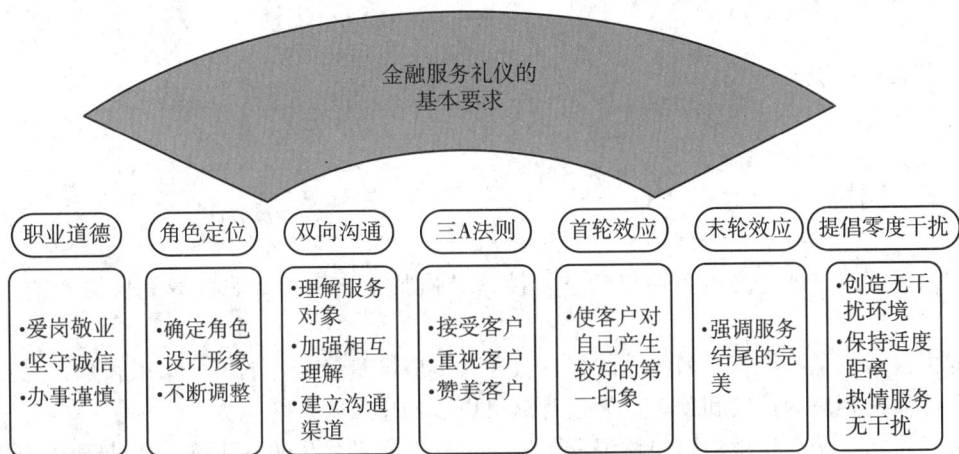

图 1-3　金融服务礼仪的基本要求

【模块知识巩固】

选择题

（1）要掌握双向沟通原则，就必须要做到（　　）。

A. 理解服务对象　　　　　　　　　B. 加强相互理解

C. 重视服务对象　　　　　　　　　D. 建立沟通渠道

（2）3A 法则指（　　）。

A. 接受客户　　　　　　　　　　　B. 赞美客户

C. 理解客户　　　　　　　　　　　D. 重视客户

（3）角色定位的内容包括（　　）。

A. 接受客户　　　　　　　　　　　B. 赞美客户

C. 设计形象　　　　　　　　　　　D. 不断调整

模块三　金融服务意识与礼仪修养

【模块导学】

礼仪是我们在生活中不可缺少的一种能力。从个人修养的角度来看，礼仪可以说是一个人内在修养和素质的外在表现。随着就业环境的变化,求职者越来越注重个人的礼仪修养。在人类的五官感受中,视觉是人类的第一感受,也最能给人留下深刻印象,视觉因素给人留下的印象能占到全部感受的 60%。在社交场所中,形成第一印象的时间只有 10 秒。所以,第一印象是至关重要的,第一印象一旦形成在后期就很难修正。因此,金融行业工作人员在提高自身业务素质的同时,更要注重对自身服务礼仪的修养。

【模块内容】

金融服务意识
礼仪修养

【学习目标】

知识目标:了解金融服务礼仪的重要性,增强服务意识;掌握自身礼仪修养的途径和方法。

能力目标:了解作为一名优秀的金融服务人员应该具备怎样的服务意识和个人素养才能帮助自己赢得客户的认同和美誉,为企业赢得更多的忠实客户。

情感目标:培养学生的岗位意识及岗位荣誉感,帮助学生树立正确的职业理念,更深入地了解做好服务礼仪工作首先要从做好心智模式的调整和个人素养的提升开始,从而达到金融职业精神培养的目的。

一、金融服务意识

◆ 情境导入

在一般情况下,一个重视服务、不断改善服务品质、提高服务质量的员工,总是更能得到公司的重用,升职与加薪的机会也会增加。

◆ 任务描述

了解金融服务意识的含义及重要性。

◆ 任务分析

金融服务是指整个金融业发挥其多种功能以促进经济与社会的发展。增强金融服务意识,提高金融服务水平,对于加快推进我国现代金融制度建设,改进金融机构经营管理,增强金融业竞争力,更好地促进经济和社会发展,具有十分重要的意义。

◆ 任务实施

(一)理解金融服务意识的含义

意识是人类所固有的一种属性,它是人的头脑对客观世界的一种反映,是感觉、思维等各种心理活动过程的总和。服务意识是指企业全体员工在与一切企业利益相关的人或企业的交往中所体现的为其提供热情、周到、主动服务的欲望和意识。服务意识的内涵是发自服务人员内心的一种本能和习惯，它是可以通过培养、教育、训练形成的。

西方人认为，服务就是 SERVICE，其每个字母都有着丰富的含义。

S—Smile（微笑）：服务从业人员应该对每一位顾客提供微笑服务。

E—Excellent（出色）：服务从业人员应将每一个服务程序都做得很出色。

R—Ready（准备好）：服务从业人员应该随时准备好为顾客服务。

V—Viewing（看待）：服务从业人员应该将每一位顾客看作是需要提供优质服务的贵宾。

I—Inviting（创造）：服务从业人员应该想方设法为顾客创造出热情的服务氛围。

E—Eye（眼光）：服务从业人员应该始终以热情友好的眼光关注顾客，使自己适应顾客心理，预测其要求，提供及时有效的服务，从而使顾客时刻感受到服务从业人员在关心自己。

金融服务意识是金融业的经营管理者及工作人员对金融业服务于社会、服务于经济发展、服务于企事业单位、服务于人民的思想观念性认识，是通过对服务的感觉、认识和思维表现出来的。实践证明，哪一个金融机构服务意识强，服务态度、手段、措施、质量好，它的社会信誉就高，发展就快。

（二）金融服务意识的重要性

金融服务意识是后天培养出来的，它是一个对企业极其重要的理念。金融行业员工有什么样的服务意识，就有什么样的服务。服务意识关系着服务水平、服务质量，只有在良好的服务观念、服务意识的指导下才能端正工作人员的工作态度，激发他们的工作热情，提高其对自身工作的兴趣，从而为服务对象提供更优质、热情的服务。而在市场竞争日益激烈的今天，金融行业就是要比服务质量、服务水平和服务意识，因此金融行业工作人员要时时刻刻为服务对象着想，服务对象就是企业的衣食父母。

（三）金融服务意识的要求

目前，金融行业之间的竞争近乎白热化。金融企业在人员、网店、科技水平等方面不具备比较优势的情况下，若再缺少特色和核心竞争力，则必然被市场淘汰。金融企业必须深入研究行业的发展，不断推陈出新，为客户提供有特色的金融服务，走一条属于自己的特色之路。许多企业把以客户为中心的服务理念作为角逐的制胜法宝，就是因为好的服务能带来最大程度的客户忠诚，而客户忠诚与否将直接影响企业效益、声誉和发展前景。金融业作为服务行业之一，其专业服务礼仪逐渐成为提高企业形象、扩大市场占有率的重要因素。因此，作为金融从业人员必须重视金融服务礼仪。金融服务从业人员的服务意识包括：

1. 诚信意识。诚信是指诚实守信、有信无欺，它是金融业员工的基本职业要求，是金融服务人员应具备的基本素质和最重要的品德之一。培养诚信意识已经成为全民共同关注和讨论的话题。因此，要想在职业生涯中获得成就，就要做到正直和诚信，增强对他人、企业和社会的责任感。

2. 服务意识。服务意识就是指愿意把自己所从事的工作以及给他人带去方便和快乐当作自己该做的事情，只有具有强烈的服务意识，才能把工作当作快乐的事去做。随着市场经济的发展，金融产品渠道越来越完善，产品差异越来越少，服务的重要性日益凸显，金融服务从业人员更应该强化服务意识。

3. 效率意识。现代金融服务业务涉及广泛，金融产品需求日益增加，对金融服务的要求也随之提高。因此，金融服务从业人员的效率意识至关重要。金融服务从业人员的效率意识，决定着整个企业服务的质量，决定着客户吸引力的大小，从而也决定着企业的生死存亡。

4. 责任意识。责任意识是一个人成就事业的基本保证，也是其造福社会的一项基本前提。没有强烈的责任心，人就容易在逆境中跌倒，在各种诱惑面前不能自持。负责任是一种决定，需要用行动去承诺，敢于给出这样的承诺，才能给人一种可以信任的感觉。有责任意识的金融服务从业人员要做到：认真履行诺言，优质高效地完成工作，做事主动积极，严格遵守道德规范，从新的责任和事物中获得动力。

5. 团队意识。团队意识是具有集体意识和协调合作能力的一种综合表现：为了统一的目标，自觉地认同必须负担的责任，并愿意为此共同奉献。团队意识包括两个含义：一是集体意识，即团队成员有共同的目标和根本利益，并为集体荣誉不懈努力；二是合作能力，团队精神体现在成员的合作中，金融企业有了团队精神就有了核心竞争力。

6. 创新意识。在当今信息化时代，从业人员的创新意识是金融企业提供具有吸引力的服务的重要因素。金融从业人员应该有意识、有目的地培养自己的创新理念，利用各种有利条件，从细微处入手，用于探索创新。

想一想：为什么要树立正确的金融服务意识，这么做能起到什么作用？

二、礼仪修养

◆ 情境导入
礼仪修养是礼仪活动的一种重要形式。在社会活动中，人们的礼仪不是自发形成的，而主要是在交往实践中自觉修养得来的；不是一蹴而就的，而是在交往实践中逐渐学习、积累而成的。探究礼仪修养问题，对我们金融行业员工自觉地把握礼仪规范和进行礼仪实践，具有十分重要的意义。

◆ 任务描述
了解礼仪修养的含义及重要性，了解礼仪修养的基本准则，了解提高礼仪修养的方法。

◆ 任务分析
礼仪修养是一个自我认识、磨炼和提高的过程，是通过有意识地学习和积累而逐步形成的，需要有高度的自觉性。金融行业的员工在金融体系内工作，如果只是迫于行规的压力才对客户致意、问候，似乎是彬彬有礼，而换了环境就举止轻浮、谈吐不雅，则从本质上来说是礼仪修养缺乏的表现。只有把礼仪修养看作是自身能力不可或缺的一部分，是事业发展的基础，是完美人格的组成，才会有自觉意识。

◆ **任务实施**

（一）礼仪修养的含义

"修养"是一个含义广泛的概念，主要是指人们在思想、道德、学术以及技艺等方面所进行的勤奋学习和刻苦锻炼的工夫，以及经过长期努力所达到的一种品质和能力。所谓礼仪修养是指人们为了达到一定的社交目的，按照一定的礼仪规范要求，结合自己实际情况，在礼仪品质、意识等方面所进行的自我锻炼和自我改造。

金融行业员工的礼仪修养是金融行业员工为了实现组织目标，按照一定的礼仪规范要求，结合金融行业特征，在礼仪品质、意识等方面所进行的自我锻炼和自我改造。

（二）礼仪修养的重要性

礼仪修养是指人们为了达到某种社交目的，按照一定的礼仪规范要求，结合自己的实际情况，在礼仪的品质、意识等方面的自我锻炼和自我改造，从而形成的一种境界和涵养，主要表现在礼貌、礼节、仪表、仪式等方面。

从根本上讲，个人礼仪修养就是要求人们通过自身的努力，把良好的礼仪规范标准化，作为个人的一种自觉自愿的认识及行为。在竞争日益激烈的现代社会，加强礼仪修养对人们的发展有着至关重要的意义。

1. 加强礼仪修养，有助于个人进行自我形象设计，展示自身魅力。英国哲学家培根曾说："举止彬彬有礼的人，一定能赢得好的名誉。"魅力通常分为外在魅力和内在魅力两种。外在魅力是一种有形的力量，它主要包括匀称的外貌、庄重的服饰、文雅的言谈和得体的举止。内在魅力是一种无形的力量，它主要包括卓越的个性、良好的气质、广博的学识以及高尚的品德。礼仪教育既注重改造个人外表形象，使人整洁、美观、大方，同时又注重对人言谈举止等内在素养的提升，使人的外在魅力与内在魅力能够有机地统一起来。

2. 加强礼仪修养，有助于增进人际交往，营造和谐友善的气氛。人际交往，贵在有利。礼仪是人际交往的"润滑剂"。加强礼仪修养，处处注重礼仪，能使人在社会交往中左右逢源，无往不利；人们在尊重他人的同时也赢得他人的尊敬，从而使人与人之间的关系更加融洽，人的生存环境更加宽松，人们的交往气氛更加愉快。要想提高社交技巧，就需透彻地掌握一定的礼仪知识，以帮助我们更好地了解人际交往规则，在了解他人的基础上有礼貌地对待他人。

3. 加强礼仪修养，有助于个体身心健康的全面提升。一个知书不达礼、知识水准和道德水准严重不协调的人，不可能成为优秀的人才。

（三）礼仪修养的基本准则

1. 遵守公德。公德是指一个社会的公民为了维护整个社会生活的正常秩序而共同遵守的最简单、最起码的公共生活准则。公德是日常生活中的道德，是人们普遍应该做到，又不难做到的最低限度的行为要求，是道德体系中的最低层次，是文明公民应该具备的最基本的品质。社会公德是礼仪的基础，是形成礼仪的前提，礼仪的内容基本涵盖了社会公德的全部。所以遵守公德是文明公民应该具备的品质，也是礼仪修养的基本要求。

2. 遵时守信。遵时，就是要遵守规定的时间和约定的时间，不可失约；守信，就是要讲信用，对自己的承诺认真负责。遵时守信是人际交往极为重要的准则。在金融服务中，与客户约定的时间或作出的承诺，一般不要轻易变更，因发生不可抗拒的因素不得已而改动时，应尽早打招呼，做好说明解释工作，尽量避免给对方造成麻烦或产生误会。

3. 真诚友善。以诚待人，是礼仪的本质特征。对他人的尊重和友好，需要诚心对待，表里如一，而非虚伪的客套。从善良出发，以诚相待，才能赢得别人的依赖和尊重，以保证交易的顺利进行，并最终实现交易目的。

4. 谦虚随和。谦虚随和的人，待人处事自然大方。这样的人，待人态度亲切，善于听取他人的意见，有事能与他人商量，表现出虚怀若谷的胸襟，容易同他人建立亲近的关系。社会生活中，越是博学多识、修养好的人，越是平易近人，也更能得到人们的敬重；相反，若是自视高明、目中无人，或夸夸其谈、妄自尊大，这种自以为是的人，往往会被公众视为傲慢无礼之人，并对其敬而远之。但是谦虚也要适度。

5. 理解宽容。理解，就是懂得别人的思想感情，考虑别人的立场、观点和态度，能够根据具体的情况体谅别人、尊重别人，心领神会地理解别人心灵深处的喜怒哀乐。在金融服务的接待工作中，最怕的就是相互缺乏理解，甚至产生误解。缺乏理解就无法沟通感情，产生误解则往往容易导致失礼，在双方之间产生妨碍交流思想的隔膜，甚至会使关系僵化。宽容，就是大度、宽宏大量，尤其在非原则的问题上，能够原谅别人的过失。如果你谅解了他人的过失，不仅可以化解矛盾，还能赢得他人的敬重，有利于大局的发展。

6. 热情有度。热情会使人感到亲切、温暖，从而拉近与人的感情距离。但热情过分，会使人感到虚情假意，或别有用心，因而有所戒备，无意中筑起一道心理防线。

7. 注意小节。细节体现教养，细节展示素质，从小节可以看出一个人的修养。在注重礼仪的社会交往场合，不注意小节的人是不受欢迎的。注重小节、彬彬有礼，是最起码的交往行为修养。

8. 风度高雅。风度是一个人内在素质、修养及其外在行为的总和，是人们在社会生活实践中逐步形成的，对人的形态、举止、谈吐、装扮的一种衡量尺度。

风度不单是指人的某一个方面，而是指人的全部生活姿态所提供给人们的综合印象。风度不是表面上的穿着打扮，也不是简单地模仿别人的行为举止。风度是以内在气质为基础的，是一个人深层次的精神状态、个性气质、品质修养、文化品位、生活情调的外在表现。

（四）培养礼仪修养的途径

1. 自觉养成文明习惯。礼仪是人们交际活动中的一种行为模式，这种行为模式只有通过长期的练习变成自身一种自觉的动作，形成习惯，才能在交际活动中更好地发挥作用。所以培养良好的行为习惯最为重要。一个相同的动作连续运用就变成了习惯，习惯可以在无意识中形成，可以有意识地培养和加以控制，凭借社会的健康舆论导向和良好环境获得。习惯一旦形成，就会变成无意识的行为表现出来，"好习惯，好人生"。自觉地养成良好的行为习惯是金融行业员工培养礼仪修养的重要途径。

2. 主动接受行业礼仪教育。礼仪教育是提高礼仪修养的先决条件，因此主动接受礼仪教育和培训是十分必要的。通过礼仪教育和培训，可以分清是非、明辨丑美、懂得常识、树立标准，金融行业员工礼仪行为的外因条件形成，也为进一步增强自我修养创造了条件。通过礼仪教育，金融行业员工产生强烈的自我修养的愿望，内因条件形成。最后，达到所有员工处处讲究礼仪的最终目的。

3. 广泛涉猎科学文化领域，使自己博闻强识。现代科学文化发展很快，要适应社会发展，仅仅满足一个领域的文化水平显然是远远不够的。礼仪是一门综合性的学科，它和公共关系学、传播学、美学、民俗学、社会学等都有着密切关系。涉猎广泛，具备多方面的知识，才能深刻理解礼仪的原则和规范，对人际交往也大有益处。一般来说，讲文明、懂礼仪、有教养的人大多是科学文化知识丰富的人，他们逻辑思维能力强，考虑问题周密，分析事物较为透彻，安排时间较为得当，在人际交往中具有独特的魅力，不会给人以浅薄的印象。

4. 积极投入礼仪实践。只有通过人与人之间的交往活动，才能认识到自己的礼仪修养是否符合规范。所以，实践在礼仪修养中起着极其重要的作用，实践是检验礼仪修养的根本方法。礼仪修养是一个从认识到实践的不断反复过程，通过反复，不断提高。金融行业员工应将礼仪规范、原则运用到实践中，对照检查并改正自己行为中一切与礼仪不相符的东西，从而不断提高自己的礼仪修养。

想一想：金融行业服务人员正确的服务意识和加强礼仪修养的必要性？

◆ **反馈小结**（见图 1-4）

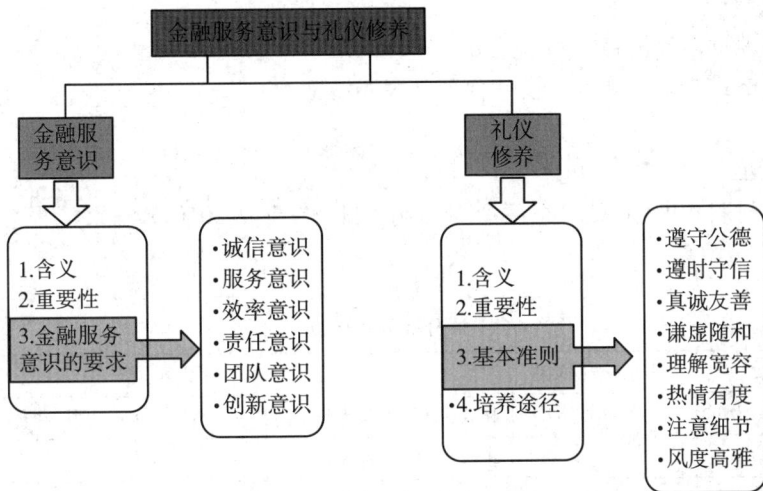

图 1-4　金融服务意识与礼仪修养

【模块知识巩固】

选择题

（1）金融服务从业人员的服务意识包括（　　）。

    A. 诚信意识　　　　　　　　　　B. 服务意识

    C. 效率意识　　　　　　　　　　D. 责任意识

    E. 团队意识　　　　　　　　　　F. 创新意识

（2）礼仪修养的基本准则是（　　　）。

A. 遵守公德、遵时守信　　　　　B. 真诚友善、谦虚随和

C. 理解宽容、热情有度　　　　　D. 注意小节、风度高雅

【项目实训】

◆ 实训内容

让学生扮演三家金融企业的服务人员，分别穿不同的服装，以不同的姿态、服务态度为客人服务。训练结束后每位同学完成一份总结报告。

目标：了解金融服务的基本礼仪，培养良好的服务意识和客户服务能力。

步骤：了解金融服务礼仪的行为规范——金融服务人员与客户进行对话演练——分组讨论——上交实训报告。

◆ 上交作业

（1）小组人员分工表一份；

（2）总结报告一份。

◆ 实训要求

（1）分组进行，分工合作当堂完成任务；

（2）作业格式要统一规范，设计合理，表述清楚。

◆ 评分标准

（1）文字材料 40% + 实训态度 20% + 小组协作情况 20% + 成果汇报总结 20%（见表 1-1）。

表 1-1　　　　　　　　　　　　　　　评分标准及要点

项目	分值比例/%	评分要点
文字材料	40	格式正确，结构完整，内容表述清楚，条理清晰，排版规范
实训态度	20	工作主动，积极参与
小组协作情况	20	组内优化方案质量高，团队合作精神好，合作能力强
成果汇报总结	20	汇报条理清楚，PPT 制作精良

（2）教师 60% + 小组互评 20% + 自评 20%。

职场形象——金融行业工作人员的形象礼仪

小 A 的话：亲爱的小伙伴们，第一天上班我太激动了，出门前精心装扮了一番。大领导说，一个人的形象是通过仪表、举止、谈吐等方面来呈现的，是留给他人的整体印象。金融服务人员的职业形象不仅体现了自身的文化修养和风格特征，更在一定程度上影响着其所在金融企业的形象。因此，良好的个人形象无论在日常生活中还是金融服务中都起着至关重要的作用。

本项目内容结构（见图 2-1）

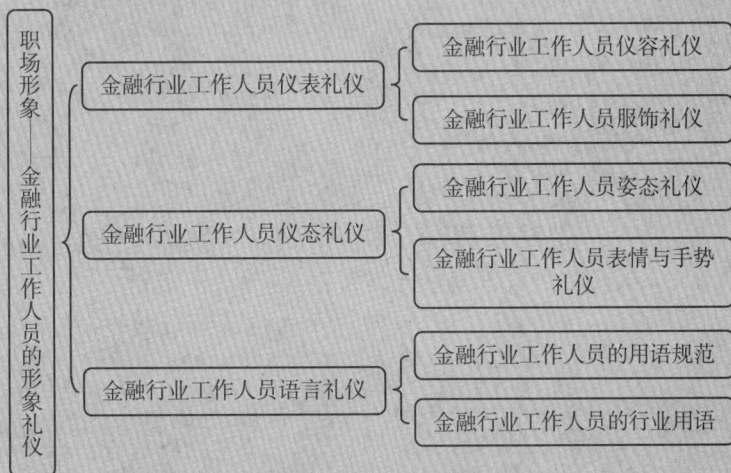

职场形象——金融行业工作人员的形象礼仪	金融行业工作人员仪表礼仪	金融行业工作人员仪容礼仪
		金融行业工作人员服饰礼仪
	金融行业工作人员仪态礼仪	金融行业工作人员姿态礼仪
		金融行业工作人员表情与手势礼仪
	金融行业工作人员语言礼仪	金融行业工作人员的用语规范
		金融行业工作人员的行业用语

图 2-1 第二章内容结构

模块一 金融行业工作人员仪表礼仪

【模块导学】

成功的交往，通常是从良好的第一印象开始的，而良好的第一印象又取决于仪表所传递的信息。仪表，指人的外表，包括容貌、举止、姿态、风度等。在政务、商务、事务及社交场合，仪表不但可以体现一个人的文化修养，也可以反映其审美趣味，是树立良好公众形象的基础和前提。注重仪表是金融行业工作人员尊重宾客的需要，良好的仪表可以尽快缩短金融行业工作人员与宾客之间的心理距离，也是增强自信心的有效手段。要塑造良好的金融行业工作人员的职业形象，了解仪表礼仪的构成也是非常必要的。仪表由天然形象和外饰形象构成，一般包括仪容和服饰两大部分。金融行业工作人员仪表礼仪主要是指金融从业人员的仪容礼仪和服饰礼仪。

【模块内容】

金融行业工作人员仪容礼仪
金融行业工作人员服饰礼仪

【学习目标】

知识目标：了解金融行业工作人员仪表礼仪的基本要求；掌握金融行业工作人员仪容礼仪的含义、基本内容和要求；掌握金融服务人员服饰搭配的要求和规范。

能力目标：能根据金融行业的要求修饰自己的发型；能较熟练地掌握女性职业妆和职业男士修面的技巧与方法；能掌握金融行业工作人员仪表形象设计和塑造的相关技能，并对自己的仪表进行合理得体的塑造。

情感目标：能够认识到仪表礼仪对良好职业形象塑造的重要作用；提高个人审美品位，增强自信。

一、金融行业工作人员仪容礼仪

◆ 情境导入

第一天去单位报到，小 A 特地把自己浓墨重彩地打扮了一番后，披着长发，画着亮闪闪的眼影和浓重的眼线，涂着鲜红色的唇膏去上班了。到了单位后，小 A 发现同事们看到她都皱着眉头，客户更是对她敬而远之。小 A 不知道是哪里出了问题。

◆ 任务描述

主管让小 A 重新审视自己的仪容是否符合金融从业人员的职业形象。

◆ 任务分析

金融行业工作人员的仪容礼仪不仅代表自我形象，更代表金融机构的整体形象。因此，金融行业员工必须保持良好仪容，懂得仪容修饰的基本常识与技巧，从而有效地弥补自身的缺陷和不足。金融行业工作人员个人仪容修饰的主要内容通常分为头发、面貌、手臂、腿部、化妆五个方面，重点是头发和面部修饰。仪容修饰应遵循整洁、和谐、自然美、扬长避短的原则。

◆ 任务实施

（一）发型修饰

仪容修饰应当"从头做起"，头发整洁、发型得体是金融从业人员个人形象最基本的要求，直接影响他人对自己的评价，恰当得体的发型会使人容光焕发，充满自信。为了确保头发的整洁，维护本人和金融机构的良好形象，金融业工作人员的头发应常清洗、勤修剪、常梳理、慎染烫及少戴头饰。

1. 金融行业工作人员发型的具体要求。发型是构成仪容的重要组成部分，金融行业工作人员应从金融行业的工作性质出发，遵循发型的职业性要求，头发应长短适当，不能过短或过长。男性与女性的发型又各有不同要求。

（1）金融行业男性工作人员发型修饰原则。及时清洗，定期修饰整理发型，保持前发不覆盖额头一半，侧发不遮盖耳朵，后发不触及衣领，鬓角不长于耳朵中部（见图2-2）。常见的发型有四六分、二八分、中分和寸头等。绝不允许男性金融行业工作人员在工作时长发披肩或梳发辫，一般也不允许剃光头。

（2）金融行业女性工作人员发型修饰原则。定期清洗头发、修剪发型以保持整洁。女性工作人员在工作岗位上头发不宜长于腰部，一般不留刘海或者修短刘海。如果留长发，在工作时间和公众场合不允许随意将头发披散开来，应用皮筋将脑后的长发束起，以束发或盘发示人，保持整洁；也不应为了引人注目，标新立异地剃平头、剪光头，头发长度一般不短于6厘米，多选择短发、束发等简洁明快的发型，给人以端庄、干练之感，塑造良好的职业女性形象（见图2-3）。

图2-2　男士发型　　　　图2-3　女士发型

2. 发型设计。作为现代金融行业的工作人员，在选择发型时既要考虑自己的身份、环境、年龄、自身职业的特点，也要考虑与自身的脸形、体形、服饰风格特点等个体特质条件相协调，努力达到较为和谐的效果。

（1）发型与脸形相协调（见图2-4）。椭圆形脸属于东方人的标准脸形，发型选择的范围较大。其他脸形应尽量通过发型设计修饰不足，使脸部呈现椭圆形轮廓。圆脸形女士应将头顶部头发梳高，并尽量遮住两颊，使脸部增加长度。圆脸形的男士选择短小型发式效果比较好，鬓角可以修剪成正方形、顶部为平面造型的寸头，可显得成熟些。

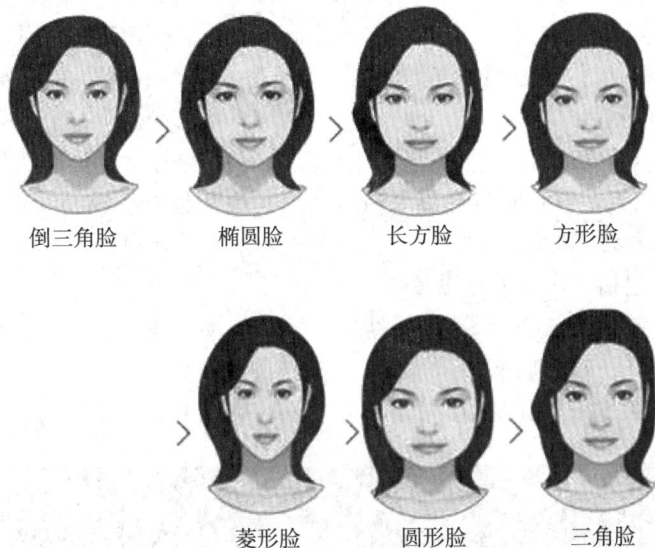

图2-4 发型与脸形的协调

长脸形则相反，女士应留刘海遮住前额，露出双颊使之显得饱满，不宜留过短的发型。男士则应避免向后梳理的后背型发式。

方脸形对于女士而言应设法掩饰棱角，使脸形显得圆润。而对于男士则是较为理想的脸形，阳刚之气浓郁，发式的选择余地较宽泛，无须过多修饰。

额部较窄的三角脸形，女士以中发或长发为宜，也可留短发，如童发或蘑菇头形式，关键是增加两侧头发的厚度，以掩饰窄尖的额头。男士发型可设计上部造型饱满，两侧偏厚，整体松廓的线条从腮部圆顺下去，有弱化原有脸形的效果。

（2）发型与体形相协调。发型与体形之间的关系应遵循相互依存、相互衬托的原则。体形瘦高的女性适宜留长发，不应盘高发髻或把头发剪得太短，以免使人显得更瘦长。体形矮小者，适宜留短发或盘发，显得洒脱、精干，不宜选择蓬松发型或留长发，以免使身材显得更矮。脖颈短粗者，适宜选择高而短的发型；脖颈细长者适宜选择齐颈搭肩舒展或外翘的发型。

（3）发型与服饰相协调。头发为人体之冠，为体现整体美，发型必须根据服饰的变化而改变形状，如金融行业的女性工作人员在穿着礼服或工作制服时，可选择盘发或短发，显得端庄秀丽；而穿着便服或休闲装时，可选择适合自己脸形、体形、肤色的发式，体现高雅的审美情趣和生活品位。

想一想：金融行业工作人员是否能够漂染夸张、鲜艳的发色？

（二）化妆修饰

化妆，是一种通过对美容用品的使用，来修饰自己的面容，美化自我形象的行为。简单地说，化妆就是有意识、有步骤地美化自我形象的商务行为。男士在公务或商务环境中整洁是第一要求，每日剃须修面，不用气味浓烈的护肤品；定期洁牙护齿，保证牙齿的洁白、整齐；工作餐不吃刺激性食品，饭后漱口，保证口气清新。对于金融行业女性工作人员而言，在职业和社交环境中化淡妆，进行适当的修饰，体现了对客户的尊重并维护了良好的企业形象。"淡妆上岗"是金融行业女性工作人员在化职业妆时必须遵循的基本规范和原则，以自身面部客观条件为基础，扬长避短，追求"妆而不露、化而不觉"的境界，达到自然大方、精致典雅的面部修饰效果。

1. 化妆的基本工具及用品。一套好的化妆工具对完美的妆容是至关重要的，因为它不仅不会伤害皮肤，而且能够让妆容自然、持久，对提高化妆技巧也有帮助。

（1）基本化妆工具（见图2-5）。

■ 修眉工具，包括眉钳、肩剪及修眉刀。

■ 化妆套刷，包括腮红刷、眼影刷、眉刷、唇刷、定妆刷等。

■ 棉花棒、海绵（搽粉底液或膏用）、粉扑、吸油纸。

■ 假睫毛、胶水（浓妆和晚妆用）、双眼皮贴、睫毛夹。

图2-5 化妆品基本工具

（2）基本化妆用品。

■ 粉底：形态有液体、膏状等，颜色应选择接近自己的肤色（根据不同的肤色、肤质及妆容要求加以选择，一般皮肤发黄的选用紫色，偏红的选用绿色，灰暗的选用蓝色或紫色）。

■ 定妆粉（散粉）：日妆及职业妆应选用透明亚光色。

■ 眼影（一般职业妆应选用大地色系）、眼线笔（黑色和棕色）、眉笔（棕色或灰色）、睫毛膏（黑色）。

■ 腮红：可选粉红色、橘红色及桃红色。

■ 口红、唇彩、唇线笔：可选用唇红、棕红及玫红等接近自然唇色的颜色。

■ 双色修容膏（饼）：浅于基础粉底的高光色和深于基础粉底的阴影色粉膏（粉饼）。

2. 职业淡妆操作流程。

（1）洁肤（见图 2-6）。洁净的皮肤是化好妆的基础。在化妆前必须先清洁皮肤，在清洁皮肤的同时可适当加些按摩的指法和力度，然后拍上适量的化妆水，以保持妆型持久，再根据皮肤情况，均匀涂抹乳液或护肤霜，以便保湿和卸妆。具体方法：由外往内、由下往上抹，即先上双侧，再上中间。视具体情况决定是否使用隔离霜或防晒霜。

（2）打底（见图 2-7）。在生活日妆和职业淡妆中，肤色的修饰占了整个妆容成功的50%以上。选择与自己肤色相近的液体粉底，并用粉底专用化妆海绵轻轻拍擦均匀，自然贴合且注意脸部与脖颈的衔接要自然，避免"泾渭分明"。底妆应轻薄而透气，眼睛周围尤其如此，否则不仅没有美化，反而会更突出眼部的缺陷。另外，浅绿色的粉底液适合红脸膛人使用，浅紫色的粉底液则适合肤色较深和较暗的人使用，这两种粉底有调整、提亮肤色的作用。

图 2-6　洁肤

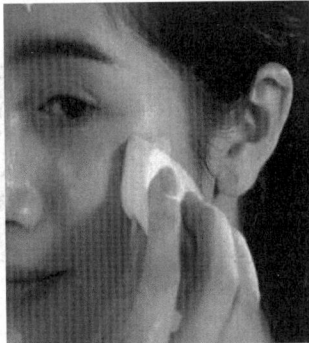

图 2-7　打底

（3）定妆（见图 2-8）。为了使妆容更为持久和均匀，上完液体粉底之后，静待片刻，用纯棉粉扑蘸取少许透明亚光散粉均匀地轻拍脸部进行定妆，应压实，以免脱妆，营造匀、薄、透的自然妆容效果。粉饼在日常化妆中也可用，但因含有油脂，上妆的效果及妆面保持的时间均不及散粉，一般在补妆时使用。

（4）描眉（见图 2-9）。眉毛在整个脸部修饰中起平衡作用，面部要清爽有型，修眉必不可少。因此，在化妆前应先用眉镊或修眉刀除去杂乱无序的眉毛，并用眉剪将过长的眉毛修剪整齐，从而修剪出适合自己的基本眉型，保持眉部的整洁。然后是补画眉，可选用咖啡

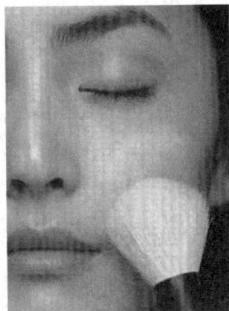

图 2-8　定妆

色或棕色的眉笔，描画出所要轮廓。在画眉前要进行眉毛的定位，即确定眉头、眉梢及眉峰。眉头在内眼角与鼻翼两点所确定直线的延长线与周线的交点，而眉梢是鼻翼与外眼角两点所确定的直线的延长线与眉线的交点。确定了眉头和眉梢，再根据脸形、年龄、职业确定眉峰，一般在眉头到眉梢的2/3处。眉毛不宜画得太细、太工整，否则看上去会很假，不自然。画眉只要用眉笔画出轮廓，然后用眉刷轻轻晕染开就比较自然。眉头稀疏、眉梢细淡，眉峰是关键。画眉是整个化妆中的难点。

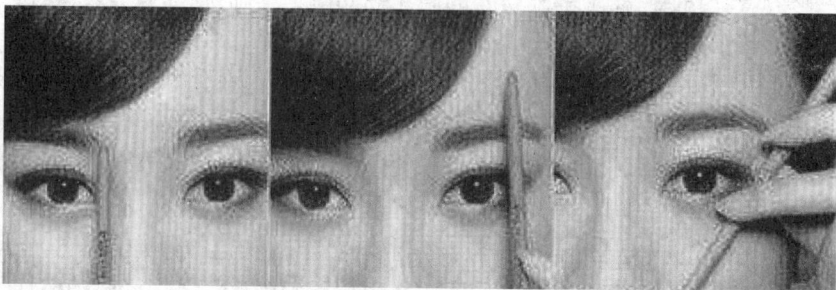

图2-9 描眉

（5）眼部修饰（见图2-10）。金融行业的工作人员在工作环境中要避免使用色彩鲜艳和带有荧光效果的眼影，可以选择柔和的中性色，如棕色。同时，也适应自己的眼睛特点，眼睛凹的人建议选择稍浅或偏亮的颜色，而眼睛凸的人则建议选用深色或暗色。眼部化妆并非仅仅只有眼影，眼线、睫毛也很重要，眉毛以下的提亮也是非常关键的一步，能使眉眼更立体。

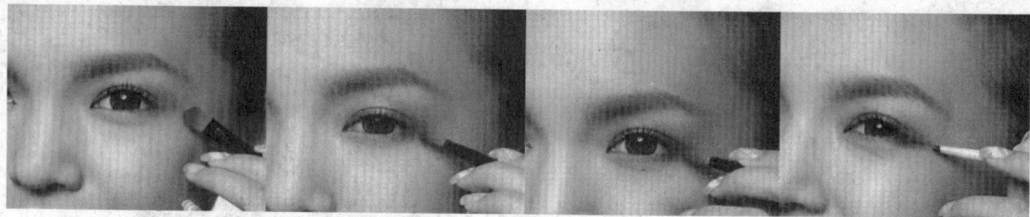

图2-10 眼部修饰

（6）涂抹腮红（见图2-11）。无论冷暖肤色都可以通过腮红为面色增添红润光泽及修饰脸形。选腮红时，冷肤色可选用粉红色、玫瑰红色；暖肤色可选用粉桃红色、杏色或者珊瑚粉色。

（7）涂唇膏（彩）（见图2-12）。涂唇膏的目的是使妆面更加亮丽完整，职业淡妆应选择接近唇色的红色，以淡为宜，展现自然的效果。

（8）检查整体的妆容效果。

3. 男士脸部修饰。脸部修饰不是女士的专利，男士脸部修饰，一般包括发部美化、定型，清洁面部与手部并使用护肤品进行保护，使用无色唇膏与无色指甲油保护嘴唇与手指甲，合理适度使用香水等几项内容。其中，剃须修面是展示金融行业男性工作人员职业形象的一大亮点，切忌胡子拉碴出现在工作和社交场合。

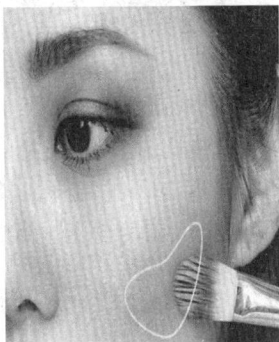

图 2-11　涂抹腮红

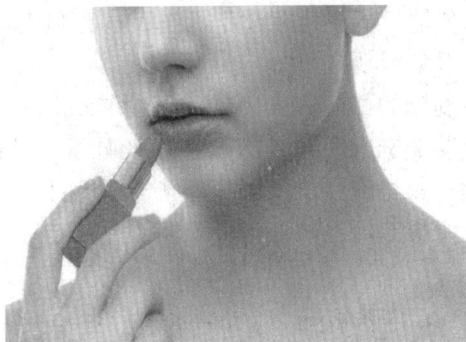

图 2-12　涂唇膏

想一想：小 A 第一天上班的仪容是否符合仪容礼仪要求？如何改进？

（三）金融行业工作人员的其他修饰要求

1. 脸部的其他修饰。

（1）眼睛的保洁、眼病的防治及眼镜的佩戴。重视眼部的保洁，最重要的是及时除去眼角分泌物，其次是要特别注意眼病的预防和治疗。如因视力原因需在工作时佩戴眼镜，应选择适合自己的镜架和镜片。在室内一般不应佩戴颜色过深的镜片，镜架也不宜太夸张。平时还应注意眼镜的清洁，尤其是镜片要保持明净。室内工作时不能佩戴太阳镜或墨镜。

（2）耳部的清洁及耳毛的修剪。金融行业工作人员每天应进行耳部的清洁除垢，作为男性工作人员，尤其要经常修剪耳孔周围的茸毛。同样，耳部的清洁及耳毛的修剪也是每个人的私事，应隐蔽进行，不应在工作时和有其他人在场时进行。

（3）鼻部的清洁。鼻部是人脸部的最高点，受关注度也较高，因此鼻部的清洁十分重要。而鼻部周围的油脂分泌量较多，毛孔也较为粗大，容易出现皮肤问题，平时应注意此处清洁的彻底性。鼻毛也如耳毛一样，应及时修剪，但绝对不能当众揪拔自己的鼻毛。

（4）注意口腔及周围的卫生。保持口腔的清洁，口气清新。在上岗工作前不宜食用葱、蒜、韭菜等气味刺鼻的食物，以防止因饮食引起的口腔异味。双唇的饱满滋润也是一个人精神面貌的体现，作为金融行业的工作人员，平时应注意呵护自己的双唇，避免出现开裂、脱皮现象。

2. 肢体的修饰。

（1）手臂的修饰。由于工作的特点，双手及手臂在金融行业通常被认为是工作人员的"第二张脸"，平时要做好手臂及双手的保养工作，避免出现粗糙、开裂、红肿、生疮等皮肤问题和皮肤的外伤破损等影响外观的现象。同时，应时刻保持手部的清洁，平时务必做到"六洗"，即上岗前、手脏后、接触精密物品或入口食物前、规定洗手之时、上过卫生间之后和下班之前要洗手。有些特殊岗位规定必须戴专用手套的，切不可忘戴或故意不戴。手臂的妆饰，应遵循自然、简洁、庄重的原则。不留长指甲，指甲长度不应超过指尖；要保持指甲的清洁，指甲缝中不能留污垢。不要涂抹有色指甲油和彩绘、纹刺手臂。一般情况下，金融行业工作人员的制服不会裸露肩部，但也应处理得当，不要将腋毛外露，以免不雅。

（2）腿脚的修饰。从金融行业工作人员的工作性质出发，对腿脚部的修饰要求：首先是清洁，要勤洗脚、勤换袜子、勤换鞋子。其次是女员工着裙装时应穿长筒袜，不要光腿、光脚；在工作岗位上不应穿着露脚趾和无后跟或脚后跟裸露在外的鞋子；下肢的美化还要注意腿部汗毛的处理并勤剪趾甲；禁止脚部涂抹彩色指甲油和作腿脚部的彩绘等妆饰。

练一练：选择脸部一个部位进行职业淡妆的化妆练习。

◆ **反馈小结**（见图 2 – 13）

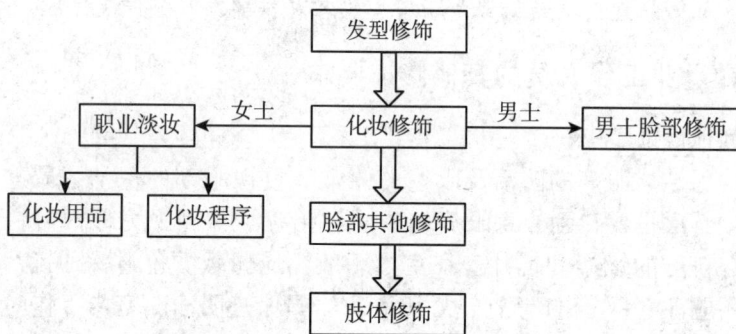

图 2 – 13　仪容礼仪

◆ **延展训练**

（1）学习金融行业女性工作人员长发束发和盘发的方法；

（2）根据不同脸形选择眉型；

（3）掌握不同脸形腮红的涂抹位置和方法。

二、金融行业工作人员服饰礼仪

◆ **情境导入**

今天经理要带小 A 去某公司拜访一位客户，经理说这位客户非常重要，因而这次她做了精心的准备。小 A 觉得穿着制服千篇一律难以让人留下深刻的印象，于是她穿了一件大红色的上衣，白色短裙，细高跟凉鞋，搭配了时尚的手环、造型独特的戒指、亮闪闪的项链。她觉得自己的这一身装扮青春洋溢又个性时尚，可是经理见了她却连连摇头，说："你怎么这身打扮？"小 A 很尴尬，她不理解，难道自己的这身装扮不漂亮吗？

◆ **任务描述**

经理对小 A 说："看得出你很重视今天的拜访，做了精心的装扮，身上的每一处都是焦点，让人印象深刻，但是我觉得并不合适。"小 A 明白了，她决定认真学习金融行业工作人员着装的礼仪规范，掌握饰物搭配的原则和要求。

◆ **任务分析**

国际上将金融界从业人员定位为保守职场人士，其整体形象应表现出权威性、信任度和缜密感。因而作为金融行业从业人员，选择服饰应从行业角度出发，考虑尊重服务对象、适应工作需要、塑造金融机构形象和提高个人素质等方面的因素。

◆ **任务实施**

（一）遵循服装穿着、饰物搭配的原则和要求

1. TOP 原则。着装 TPO 原则是服饰礼仪最基本的原则。所谓 TPO 原则，即着装应考虑时间（time）、地点（place）、场合（occasion），力求自己的着装和款式同时间、地点、场合、目的一致。

（1）时间原则。不同时间段的着装非常重要（一天的不同时间、一年的不同季节、一个季节中不同的天气状况），在着装选择上一定要周全考虑。对于金融从业人员来说，在着装上，要根据上下班时间来进行区分。上班时间应该穿着制服，保持着装上的整洁，体现专业精神；而下班时间，则要脱掉职业装，换上生活中的服装。

（2）地点原则。不同地点要穿不同的服装，考虑所处的场所、自身的地位以及职业等因素，在单位、家中、菜市场、健身房，服装都有不同的要求。金融从业人员在工作单位自然要穿工作服，如果是外出办理业务，则要穿体现专业素养的西服，以体现自己的职业素养。

（3）场合原则。着装应注重场合，考虑出现场合的目的、所需体现的主题、希望达到的目标、交往的对象等因素。金融从业人员办理业务、谈判、出席会议时，要穿职业装，如果是外出逛街、聚会、郊游等，则要穿轻便的服装，而参加晚宴则要穿礼服。

金融从业人员在着装上要严格遵循 TPO 原则，在着装的时候，要考虑三个问题：我的角色是什么？我面对什么样的场合？我面对什么样的人？思考好这三个问题，然后再结合着装上的 TPO 原则，就能展现专业、谨慎的职业形象了（见图 2 - 14）。

图 2 - 14　职业装

2. 和谐得体的原则。服饰有三大功能：一是实用；二是体现地位和身份；三是体现审美，即品位。和谐得体表现在以下三个方面。

（1）着装要符合身份。各行各业的衣着都有其自身的特殊标记和样式，不同的职业有着不同的着装，一定要注意符合身份。以医护工作者为例，"白衣天使"已成为医生的代名词。医生的职业着装之所以为白色，是因为白色给人一种纯洁、一尘不染的感觉，且白色又与卫生要求相联系。而金融从业人员一般都以藏青色或灰蓝色单排扣的西服套装作为职业服装，内穿白色或其他素色的衬衣，系带有小花纹等较为朴素的领带，体现出谨慎的工作态度，给人以稳重大方、精干利落的印象，增加专业度。

（2）着装应扬长避短。穿着打扮应与形体、肤色相协调。每个人的身材都有优点，也有缺点，着装时要注意扬长避短，也就是通过适当的修饰充分展示自己的长处，同时也尽可能地掩饰自己的短处，借助服装来创造出美妙的身材。比如，偏瘦和偏胖的人不宜穿过于紧身的衣服；脖子比较短，就不宜穿高领衫，而穿 U 领或者 V 领的服装，可以使脖子到胸部有延长的感觉；腿部较粗短者，应尽量不穿超短裙，否则暴露了自己腿部的缺陷。

（3）饰物应注重协调性。饰物是指对服装起修饰作用的其他物品，主要有首饰、围巾、丝巾、提包、手套、领带、鞋袜等。

首饰主要是指耳环、项链、戒指、手镯、手链等。佩戴首饰应与脸形、服饰相协调。金融行业女性工作人员佩戴丝巾，常常会收到非常好的装饰效果。

金融行业男性工作人员，饰物不宜太多，一条领带、一枚领带夹即可，某些特殊场合，在西服上衣胸前口袋配一条装饰手帕就够了。

金融行业男性工作人员皮鞋的颜色以黑色、深咖啡色或深棕色较为合适，白色皮鞋除非穿浅色套装并在某些特定场合才适用。黑色皮鞋适合于各色服装和各种场合。正式社交场合，男士的袜子应该是深色的，黑、蓝、灰色均可。

金融行业女性工作人员的皮鞋则以黑色为主，不同场合配以与服装颜色一致的鞋子为宜。女士穿裙子时袜子以肉色相配最好，深色或花色图案的袜子都不合适。长筒丝袜与裙子下摆之间不能有间隔，不能露出腿的一部分。有破洞的丝袜不能露在外面，否则让人感觉很不雅观。

3. 色彩搭配。金融行业服务人员如何进行服饰色彩的搭配，如何使服饰的色彩搭配合乎服饰礼仪的标准和要求，了解一定的色彩知识及色彩的象征意义并重视色彩在服饰整体美中的运用是非常必要的。

（1）色彩的基本常识。太阳光是由红、橙、黄、绿、青、蓝、紫七种不同波长的色光组成的，我们称这七种颜色为标准色。红、黄、蓝三种颜色按一定的比例混合，可以产生自然界中的任何颜色，而它们本身却没有任何其他颜色能调出来，因此，我们把这三种颜色称为三原色。把三原色中的任何两种混合，即红配黄是橙色、黄配蓝是绿色、红配蓝是紫色，我们又把橙、绿、紫称为三间色。一种原色与三原色中的其中两色形成的间色之间的关系，称为补色关系。

色彩的三要素指色相、明度、纯度。色相是指不同颜色质的区别，即色彩的原貌，以色彩的名称来命名和区别，如黄、蓝、红等。明度是指色彩的明暗程度或光的深浅程度，光源越强，明度越高，如黄色的明度就比蓝色的明度高得多。一般情况下，同一种颜色与白色混合则明度高，与黑色混合则明度低；粉红色的明度就比红色高，而紫红色的明度就比红色低。纯度是指颜色的鲜艳度和饱和度，颜色越鲜艳，纯度就越高，颜色混合次数越多，纯度就越低，前面提及的粉红色就远不及红色的纯度高。

（2）色彩与心理感觉。不同的色彩会给我们不同的感觉，如红、橙、黄等色给人的视觉刺激强，使人联想到温暖的太阳、火焰等，感到温暖，我们称之为暖色；而青、蓝、紫等使人联想到天空、大海、阴天等，感到寒冷，我们称之为冷色。

同一面积、同一背景的物体，由于色彩不同，有时可造成大小不同的视觉效果。一般暖色调和高明度的色彩给人以扩张感和前进感，如黄色和橙色；而冷色调和明度低的色彩，如蓝色、紫色则使物体显得小，有收缩感和后退感。因此，在服饰色彩的运用上，体形较瘦小的穿着暖色调和明度较高的服装会显得丰满些，而体形较为宽胖的选择冷色调和明度较低的服装会显得苗条些。下面是一些常见的颜色在职场带给人的一般感受。

红色：充满自信，表示在工作上蓄势待发，渴望新鲜感和刺激。

黄色：求知欲旺盛，有信心、自大，给人一种张扬的感觉。

绿色：安全保护色，和谐。

蓝色：诚实稳健，言行倾向保守，思维严密，自信力十足。

咖啡色：脚踏实地，富有责任心，做事讲究。

紫色：强烈的权利欲望与虚荣心。

（3）服装色彩的搭配与运用。服饰的色彩搭配是一个比较复杂的美学问题，要讲究技巧，才能运用丰富的色彩形成完美的和谐统一体，展现美好的形象。现代社会的工作、生活节奏加快，用色的主流是雅洁、自然、简练、朴实，用色要避免繁杂、零乱，做到少用色、巧用色。男性服装不宜有过多的颜色变化，以不超过三色为好；女性服饰也要避免色彩的堆砌。色彩过多，会显得浮艳和俗气。两种以上色彩搭配时要有主色，并将此作为基础色，再配一两种次要色，使整个服饰的色彩主次分明，相得益彰。下面是常用的几种比较保险的着装配色办法。

一是上下装同色，即套装，以饰物加以点缀。

二是同色系配色。利用同色系中深浅、明暗度不同的颜色搭配，整体效果较易协调。

三是利用对比色搭配（明亮度对比或相互排斥的颜色对比），如运用得当，会有相映生辉、令人耳目一新的亮丽效果。

当然，这三种基本的配色方案并不能涵盖服饰色彩搭配的全部结果，但不论采用这三种方法中的哪一种或异于这三种方法之外的任何一种，配色的美都是通过服饰中众色的相互调和显现出来的。调和就是配色的根本原则，不管是近似色还是对比色，都可能达到调和，只要调和了，它就是美的。

想一想：金融行业工作人员适合穿着哪些颜色的服装？

（二）掌握金融行业工作人员职业服装穿着的礼仪规范

金融行业工作人员着装上的规范得体、美观大方，能够反映出金融企业规范的形象，同时能够给观者以良好的印象。因而，在统一工作制服的基础上，金融行业工作人员在着装方面应该力求做到规范、整洁、美观，达到形象的标准化和礼仪化。规范的职业服装穿着礼仪，对男士和女士都有相应的要求。

1. 金融行业工作人员工作制服的穿着礼仪规范。金融行业工作人员职业服装主要以工作制服为主。工作制服是工作场合的着装，受职场环境影响，它既没有礼仪服装那么考究和华贵，也不像休闲服那样随意。

金融行业男性工作人员春季及秋冬季节穿西服套装，如衬衣、裤子、外套、领带；夏季穿着短袖衬衣、裤子、领带；领带应与衬衫衣领口相吻合，应紧凑，不能歪斜。女性工作人员春季及秋冬季节穿套装，如衬衣、裤子、外套、领结；夏季穿着套裙，如短袖衬衣、裤子、裙子。

上班期间必须穿制服，统一服装，佩戴领带或领结，保持服装干净、整洁，天冷时可加上西服，但是不能在衬衣外面加上自己的衣服。衬衣不能掉扣，工牌等要全部佩戴整齐，牢牢固定，防止松垮、歪斜及晃动。在选择工装时，应注意选择合适的尺寸，领口、袖口要适中，不能太松或太紧，胸围、腰围及臀围也应松紧适度，袖长、裤长、衣长与裙长不应太长或太短。穿着既要舒适，又要显得整齐、规范。为了保证制服的整洁，下班后应脱下挂在衣架上养护，不能下班时也一直穿着买菜、吃饭等，这样很容易把衣服弄脏、弄皱，影响上班时着装的效果（见图2-15）。

图2-15 职业着装

2. 男士西服的穿着礼仪。金融行业工作人员的制服主要以西服为主，而西服在穿着上有相当统一严格的模式和要求。

（1）西服穿着礼仪。西服穿着讲究"三个三"，即三色原则、三一定律、三大禁忌。

三色原则即正式场合，穿着西服套装时全身上下的颜色应该不超过三种。

三一定律，重要场合穿西服套装外出时，腰带、皮鞋、公文包三样男士主要的饰物应保持同一颜色，并且首选黑色。

三大禁忌，是指在正式场合穿着西服套装时不能出现的三个洋相：第一，西服左袖的商标没有拆。第二，在正式场合穿着夹克打领带。领带和西服套装是配套的，如果是行业内部的活动，如领导到本部门视察，穿夹克打领带是允许的。夹克等同于休闲装，在正式场合，尤其是对外商务交往中，穿夹克打领带是绝对不能接受的。第三，正式场合穿着西服、套装时袜子出现问题。重要场合，白袜子和尼龙丝袜都不能和西服搭配。

（2）西服的选择与穿着要领。男士在正式的商务交往中所穿的西服，必须是西服套装（见图2－16），在参与高层次的商务活动时，以穿三件套的西服套装为佳。西服套装，指的是上衣与裤子成套，其面料、色彩、款式一致，风格相互呼应。通常，西服套装，有两件套与三件套之分。两件套包括一衣和一裤，三件套则包括一衣、一裤和一件背心。按照人们的传统看法，三件套西服比两件套西服更显得正规一些，一般参加高层次的对外活动时，就可以这么穿。穿单排扣西服套装时，应该系窄一些的皮带；穿双排扣西服套装时，则系稍宽的皮带较为合适。

图 2－16 西服套装

西服有单排扣和双排扣之分。单排扣的西服上衣，最常见的有一粒纽扣、两粒纽扣、三粒纽扣三种。一粒纽扣、三粒纽扣单排扣西服上衣穿起来较时髦，而两粒纽扣的单排扣西服上衣则显得更为正规一些。男装常穿的单排扣西服款式以两粒扣、平驳领、高驳头、圆角下摆款为主。双排扣的西服上衣，最常见的有两粒纽扣、四粒纽扣、六粒纽扣等三种。两粒纽扣、六粒纽扣的双排扣西服上衣属于流行的款式，而四粒纽扣的双排扣西服上衣则明显具有传统风格。男性常穿的双排扣西服是六粒扣、枪驳领、方角下摆款。至于西服后片开衩分为单开衩，双开衩和不开衩，单排扣西服可以选择三者其一，而双排扣西服则只能选择双开衩或不开衩。

单排扣的西服穿着时可以敞开，也可以扣上扣子。照规矩，西服上衣的扣子在站着的时候应该扣上，坐下时才可以敞开。单排扣西服的扣子并不是每一粒都要系好的：单排扣一粒的扣与不扣都无关紧要，但正式场合应当扣上；两粒的应扣上上面的一粒，底下的一粒为样扣，不用扣；三粒扣子的扣上中间一粒，上下各一粒不用扣。双排扣的西服要把扣子全系上。

西服讲求以直线为美。所以，西服上面有很多口袋为装饰袋，是不能够装东西的。我们知道，男性也有许多小东西，如果在穿西服时不注意，一个劲地往口袋里装，弄得鼓鼓囊囊，那么肯定会破坏西服直线的美感，这样既不美观、又有失礼仪。

上衣口袋。穿西服尤其强调平整、挺括的外观，这就是线条轮廓清楚、服帖合身。这就要求上衣口袋只作装饰，不可以用来装任何东西，但必要时可装折好花式的手帕。

西服左胸内侧衣袋，可以装票夹（钱夹）、小日记本或笔。右侧内侧衣袋，可以装名片、香烟、打火机等。

裤兜也与上衣袋一样，不能装物，以求裤型美观。但裤子后兜可以装手帕、零用钱等。

千万要注意的是，西服的衣袋和裤袋里，不宜放太多的东西，搞得鼓鼓囊囊的。而且，把两手随意插在西服衣袋和裤袋里，也是有失风度的。

如要携带一些必备物品，可以装在提袋或手提箱里，这样不但看起来干净利落，也能防止衣服变形。

（3）衬衫的选择与穿着要领。与西服配套的衬衫应为"正装衬衫"。一般来讲，正装衬衫具有以下特征：

一是面料：应为高织精纺的纯棉、纯毛面料，或以棉、毛为主要成分的混纺衬衫。条绒布、水洗布、化纤布、真丝、纯麻皆不宜选。

二是颜色：必须为单一色。白色为首选，蓝色、灰色、棕色、黑色亦可；杂色、过于艳丽的颜色（如红、粉、紫、绿、黄、橙等色）有失庄重，不宜选。

三是图案：以无图案为最佳，有较细竖条纹的衬衫有时候在商务交往中也可以选择。

四是领型：以方领为宜，扣领、立领、翼领、异色领不宜选。衬衫的质地有软质和硬质之分，穿西服要配硬质衬衫，尤其是衬衫的领头要硬实挺括、干净，不能太软，或满是油迹斑斑。

五是衣袖：正装衬衫应为长袖衬衫。

六是穿法讲究：①衣扣：衬衫的第一粒纽扣，穿西服打领带时一定要扣好，否则松松垮垮，给人极不正规的感觉。相反，不打领带时，一定要解开，否则给人感觉好像你忘记了打领带似的。再有，打领带时衬衫袖口的扣子一定要扣好，而且绝对不能把袖口挽起来。②袖长：衬衫的袖口一般以露出西服袖口以外1.5厘米为宜。这样既美观又干净，但要注意衬衫袖口不要露出太长，那样就是过犹不及了。③下摆：衬衫的下摆不可过长，而且下摆要塞到裤子里。④不穿西服外套只穿衬衫打领带仅限室内，而且正式场合不允许。

（4）领带的选择与系法。领带是男士在正式场合的必备服装配件之一，它是西服的重要装饰品，对西服起着画龙点睛的重要作用。所以，领带通常被称作"男子服饰的灵魂"。

一是面料：质地一般以真丝、纯毛为宜，档次稍低点就是尼龙的了。绝不能选择棉、麻、绒、皮革等质地的领带。

二是颜色：一般来说，服务人员尤其是酒店从业者应选用与自己制服颜色相称、光泽柔和、典雅朴素的领带为宜，不要选用那些过于显眼花哨的领带。所以，颜色一般选择单色（蓝、灰、棕、黑、紫色等较为理想），多色的则不应多于三种颜色，而且尽量不要选择浅色、艳色。

三是图案：领带图案的选择则要坚持庄重、典雅、保守的基本原则，一般为单色无图案，宜选择蓝色、灰色、咖啡色或紫色，或者选择点子或条纹等几何图案。

四是款式：不能选择简易式领带（如"一拉得"）。

五是质量：外形美观、平整、无挑丝、无疵点、无线头、衬里毛料不变形、悬垂挺括、较为厚重。

六是系法讲究：①注意场合：打领带意味着郑重其事。②注意与之配套的服装：西服套装非打不可，夹克等则不能打。③注意性别：为男性专用饰物，女性一般不用，除非制服和作装饰用。④长度：领带的长度以自然下垂最下端（即大箭头）及皮带扣处为宜，过长过短都不合适。领带系好后，一般是两端自然下垂，宽的一片应略长于窄的一片，绝不能相反，也不能长出太多，如穿西服背心，领带尖不要露出背心。⑤结法：领带结应挺括、端正、外观呈倒三角形。领带结有多种打法，形状稍有区别。金融行业工作人员选择适当的领带结的打法，给人以严谨、缜密、有条理及可信任的感觉，也可帮助延长男士脸形和脖颈线条。

- 平结（见图2－17）。平结为最多男士选用的领结打法之一，几乎适用于各种材质的领带。

要诀：领结下方所形成的凹洞需让两边均匀且对称。

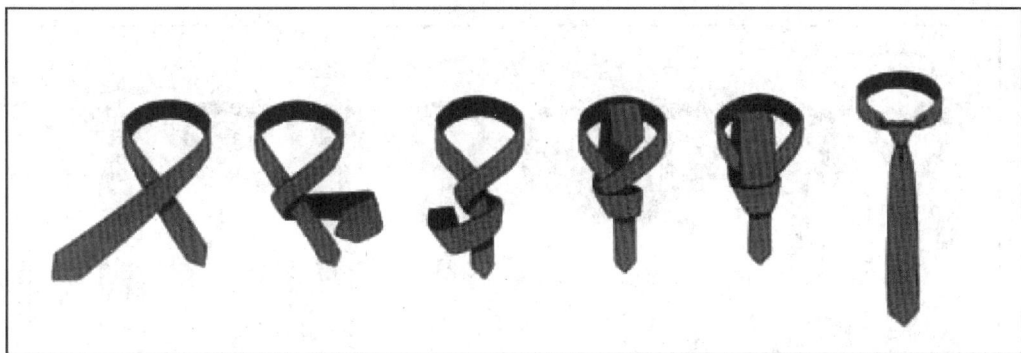

图2－17　平结

- 交叉结（见图2－18）。这是对单色素雅质料且较薄领带适合选用的领结，对喜欢展现流行感的男士不妨多加使用"交叉结"。

图2－18　交叉结

- 双环结（见图2－19）。一条质地细致的领带再搭配上双环结颇能营造时尚感，适合年轻的上班族选用。该领结完成的特色就是第一圈会稍露出第二圈之外，可别刻意给盖住了。

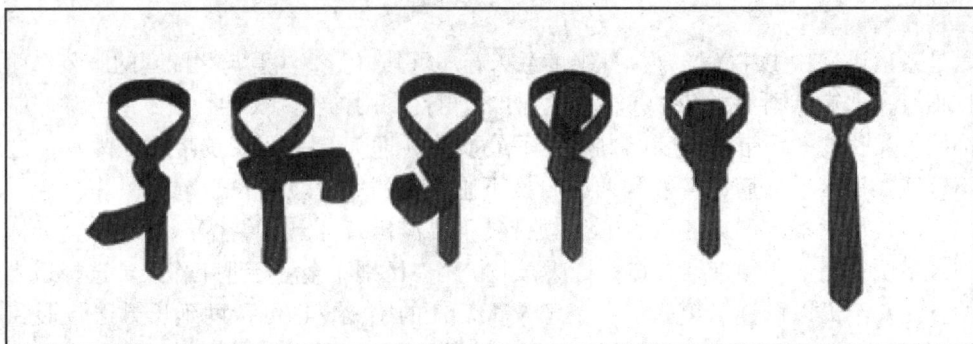

图 2 – 19　双环结

• 温莎结（见图 2 – 20）。温莎结适合用于宽领型的衬衫，该领结应多往横向发展。应避免材质过厚的领带，领结也勿打得过大。

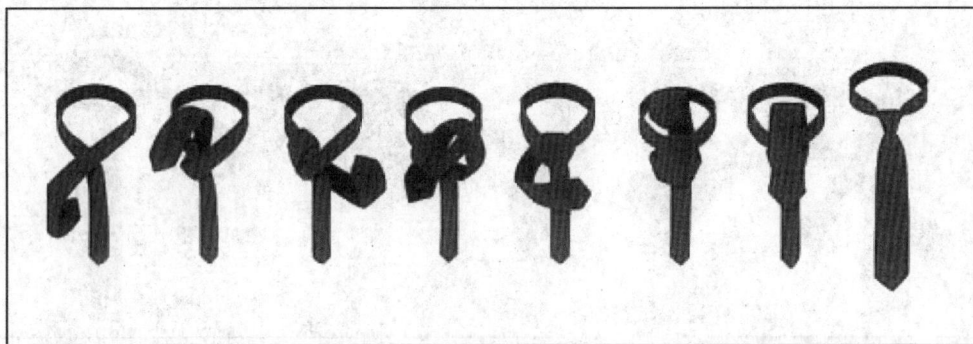

图 2 – 20　温莎结

• 双交叉结（见图 2 – 21）。这样的领结很容易让人有种高雅且隆重的感觉，适合正式之活动场合选用。该领结应多运用在素色且丝质领带上，若搭配大翻领的衬衫不但适合且有种尊贵感。

图 2 – 21　双交叉结

（5）皮鞋和袜子与西服搭配的要求。

穿整套西服一定要穿皮鞋，不能穿旅游鞋、便鞋、布鞋或凉鞋，否则是会令人发笑的，显得不伦不类。在正式场合穿西服，一般穿黑色或咖啡色皮鞋较为正规。但，需要注意的是，黑色皮鞋可以配任何颜色的西服套装，而咖啡色皮鞋只能配咖啡色西服套装。白色、米黄色等其他颜色的皮鞋均为休闲皮鞋，只能在游乐、休闲的时候穿着。

袜子的穿着也不容小视。穿整套西服一定要穿与西裤、皮鞋颜色相同或较深的袜子，一般为黑色、深蓝色或藏青色，绝对不能穿花袜子或白色袜子。在国际上，很多人把穿深色西服白袜子的男性戏称为"驴蹄子"，认为是没有教养的男性的典型特征。另外，男士袜子的质地一般以棉线为宜，长度要高及小腿部位，不然坐下后露出皮肉，非常不雅观。

3. 女士套装的穿着礼仪。迄今为止，没有任何一种女装在塑造职业女性形象方面，能像套裙一样起着至关重要的作用。在金融行业中，女性制服几乎均以职业套装示人。套装分为裙装和裤装，裤装的隆重程度一般不如裙装。因此，一般正式场合和较为重要的社交场合职业女性应该穿着裙装（见图 2 – 22）。

（1）套裙的选择。套裙，可以分为两种基本类型。一种是用女式西装上衣和随便的一条裙子进行自由搭配组合成的"随意型"；另一种是女式西装上衣和裙子成套设计、制作而成的"成套型"或"标准型"。金融行业女性工作人员在职业环境中选择套裙时需要注意以下问题：

图 2 – 22　裙装

一套在正式场合穿着的套裙，应该由高档面料缝制，上衣和裙子要采用同一质地、同一色彩的素色面料。在造型上讲究为着装者扬长避短，所以提倡量体裁衣、做工讲究。上衣注重平整、挺括、贴身，较少使用饰物和花边进行点缀。裙子要以窄裙为主，并且裙长要到膝或者过膝。

色彩方面以冷色调为主，以体现着装者的典雅、端庄和稳重。藏青、炭黑、茶褐、土黄、紫红等稍冷一些的色彩都可以，最好不选鲜亮抢眼的。有时两件套套裙的上衣和裙子可以是一色，也可以是上浅下深或上深下浅等两种不同的色彩，这样形成鲜明的对比，可以强化它留给别人的印象。

有时候，穿着同色的套裙，可以采用不同色的衬衫、领花、丝巾、胸针、围巾等衣饰来加以点缀，显得生动、活跃。另外，还可以采用不同色彩的面料来制作套裙的衣领、兜盖、前襟、下摆，这样也可以使套裙的色彩看起比较活跃。为避免显得杂乱无章，一套套裙的全部色彩不应超过两种。

正式场合穿的套裙，可以不带任何图案，要讲究朴素而简洁。以方格为主体图案的套裙，可以使人静中有动，充满活力。一些以圆点、条纹图案为主的套裙，也可以穿着，但不能用花卉、宠物、人物等符号为主体图案。套裙上不要添加过多的点缀，否则会显得杂乱而小气。如果喜欢可以选择少且制作精美、简单的图案加以点缀。

套裙的上衣和裙子的长短是没有明确规定的，一般认为裙短不雅，裙长无神。最理想的裙长，是裙子的下摆恰好抵达小腿肚最丰满的地方。

套裙中的超短裙，裙长应以不短于膝盖以上 15 厘米为限。

（2）套裙穿着要点：

一是大小适度。上衣最短可以齐腰，裙子最长可以达到小腿中部，上衣的袖长要盖住手腕。

二是认真穿好。衣服要穿得端端正正。上衣的领子要完全翻好，衣袋的盖子要拉出来盖住衣袋或披、搭在身上；衣扣一律全部扣上，不允许部分或全部解开，更不允许当着别人的面随便脱下上衣。

三要注意场合。女士在各种正式活动中，一般以穿着套裙为好，尤其是涉外活动；其他情况下就没必要一定穿套裙。当出席宴会、舞会、音乐会时，可以选择和这类场面相协调的礼服或时装。这种高度放松的场合里，还穿套裙的话，会使你和现场"格格不入"，还有可能影响到别人的情绪。外出观光旅游、逛街购物、健身锻炼时，当然是休闲装、运动装等便装最合适了。

四是套裙应当协调妆饰。通常穿着打扮，讲究的是着装、化妆和配饰风格统一，相辅相成。穿套裙时，必须维护好个人的形象，所以不能不化妆，但也不能化浓妆。选配饰要少且合乎身份，在工作岗位上，不佩戴任何首饰也是可以的。

五是兼顾举止。套裙最能够体现女性的柔美曲线，这就要求你举止优雅，注意个人的仪态等。当穿上套裙后，站要站得又稳又正，不可以双腿叉开，站得东倒西歪。就座以后，务必注意姿态，不要双腿分开过大，或是翘起一条腿来，抖动脚尖；更不可以脚尖挑鞋直晃，甚至当众脱下鞋来。走路时不能大步地奔跑，而只能小碎步走，步子要轻而稳。拿自己够不着的东西，可以请他人帮忙，千万不要逞强，尤其是不要踮起脚尖、伸直胳膊费力去够，或是俯身、探头去拿。

六是要穿衬裙。穿套裙的时候一定要穿衬裙。特别是穿丝、棉、麻等薄型面料或浅色面料的套裙时，假如不穿衬裙，就很有可能使内衣"活灵活现"。可以选择透气、吸湿、单薄、柔软面料的衬裙，而且应为单色，如白色、肉色等，必须和外面套裙的色彩相互协调，大小适中，不要出现任何图案。

七是穿衬裙的时候裙腰不能高于套裙的裙腰，不然就暴露在外了。要把衬衫下摆掖到衬裙裙腰和套裙裙腰之间，不可以掖到衬裙裙腰内。

（3）选择和正确穿着与套裙相搭配的鞋、袜。用来和套裙配套的鞋子，应该是皮鞋，并且黑色的牛皮鞋最好，和套裙色彩一致的皮鞋也可以选择。袜子，可以是尼龙丝袜或羊毛袜，颜色可以有肉色、黑色、浅灰、浅棕等几种常规选择，最好是单色。

穿套裙的时候，要有意识地注意一下鞋、袜、裙之间的颜色是否协调。鞋、裙的色彩必须深于或略同于袜子的色彩。如果一位女士在穿白色套裙、白色皮鞋时穿上一双黑袜子，就会给人以长着一双"乌鸦腿"的感觉。不论是鞋子还是袜子，图案和装饰都不要过多。一些加了网眼、镂空、珠饰、吊带、链扣，或印有时尚图案的鞋袜，只能给人肤浅的感觉。

在和套裙搭配穿着时，鞋、袜在款式上也有讲究。鞋子应该是高跟、半高跟的船式皮鞋或盖式皮鞋，系带式皮鞋、丁字式皮鞋、皮靴、皮凉鞋等，都不适合采用。高筒袜和连裤袜是与套裙的标准搭配，中筒袜、低筒袜，绝对不要和套裙同时穿着。

有些女士喜欢有空便脱下鞋子，或是处于半脱鞋状态，还有个别人经常将袜子撸下去一半，甚至当着外人的面脱去袜子，这些都是不礼貌的习惯。

不要暴露袜口。暴露袜口，是公认的既缺乏服饰品位又失礼的表现。穿套裙时应自觉避免这种情形的发生，当穿开衩裙的时候就更要注意。

练一练：练习金融行业男性工作人员职业着装领带结和女性工作人员职业着装领结（丝巾）的系法。

◆ **反馈小结**（见图 2-23）

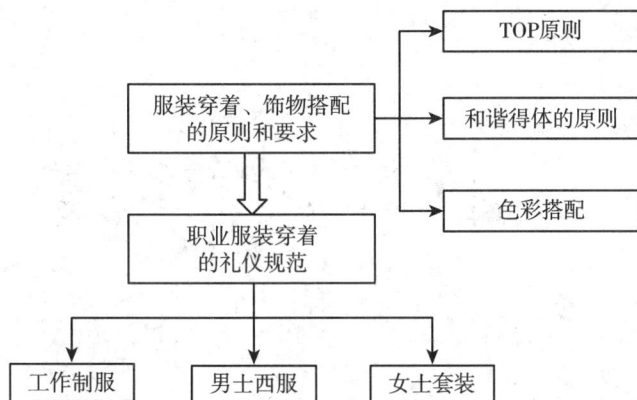

图 2-23　服装礼仪

◆ **延展训练**

（1）学习常用领带结和女士领结（丝巾）的系法。

（2）根据年龄、脸形、服装、场合等选择配饰。

【模块知识巩固】

1. 填空题

（1）金融行业女性工作人员如留长发，应选择＿＿＿＿＿或＿＿＿＿＿。

（2）金融行业男性工作人员要定期修饰整理发型，保持前发＿＿＿＿＿，侧发＿＿＿＿＿，后发＿＿＿＿＿，鬓角＿＿＿＿＿。

（3）＿＿＿＿＿脸属于东方人的标准脸形，发型选择的范围较大；圆脸形女士应将头顶部头发＿＿＿＿＿，并尽量＿＿＿＿＿，使脸部增加长度。

（4）＿＿＿＿＿脸形对于男士则是较为理想的脸形，阳刚之气浓郁，发式的选择余地较宽泛，无须过多修饰。

（5）体形瘦高的女性适宜＿＿＿＿＿，不应＿＿＿＿＿或＿＿＿＿＿；体形矮小者，适宜＿＿＿＿＿或＿＿＿＿＿，显得洒脱、精干。

（6）"＿＿＿＿＿"是金融行业女性工作人员在化职业妆时必须遵循的基本规范和原则。

（7）金融行业的工作人员在工作环境中避免使用＿＿＿＿＿和＿＿＿＿＿的眼影。

（8）＿＿＿＿＿是展示金融行业男性工作人员职业形象的一大亮点，切忌＿＿＿＿＿出现在工作和社交场合。

2. 选择题

(1) 西服穿着的"三个三"是（　　　）。

　　A. 三色原则　　　　　　　　　　B. 三一定律

　　C. 三大禁忌　　　　　　　　　　D. 三大场合

(2) 领带的长度以自然下垂最下端（即大箭头）（　　　）为宜。

　　A. 不及皮带上缘　　　　　　　　B. 长出皮带下缘处

　　C. 及皮带扣中间

(3) 穿西服套裙时，应（　　　）。

　　A. 穿短袜　　　　　　　　　　　B. 穿彩色丝袜

　　C. 光腿　　　　　　　　　　　　D. 穿肉色长筒丝袜

(4) 套裙的裙长以不短于膝盖（　　　）为限。

　　A. 5 厘米　　　　　　　　　　　B. 10 厘米

　　C. 15 厘米　　　　　　　　　　　D. 20 厘米

【项目实训】

◆ 实训内容

在老师的指导下以班级为单位，根据金融行业女性工作人员职业淡妆的要求分组进行职业淡妆的化妆练习。

目标：掌握金融行业女性工作人员职业淡妆的基本操作步骤和操作要领，能根据正确的操作流程进行操作。

流程：打粉底—定妆—描眉—眼部修饰—涂抹腮红—涂唇膏（唇彩）—检查整体妆容效果。

◆ 上交作业

(1) 化妆前后对比照片。

(2) 总结报告一份。

◆ 实训要求

(1) 在有镜子和仿自然光源灯光的实训室，准备好职业淡妆所需的基本化妆用品用具。

(2) 对照镜子观察自己的面部和五官，发现自己的优势和缺陷。

(3) 按步骤化妆整个脸部。化妆时注意细节，突出自己的优势，尽量掩盖缺陷，扬长避短。

(4) 自我检查与小组成员相互检查相结合，教师最后加以点评和提出修改意见。

◆ 评分标准

(1) 操作程序40% + 实训态度20% + 小组协作情况20% + 化妆后效果20%（见表2－1）。

表 2 - 1 评分标准及要点

项目	分值比例/%	评分要点
操作程序	40	化妆步骤正确，化妆用品和工具选择适当
实训态度	20	工作主动，积极参与
小组协作情况	20	团队合作精神好，合作能力强
化妆后效果	20	端庄典雅，扬长避短

（2）教师 60% + 小组互评 20% + 自评 20%。

模块二　金融行业工作人员仪态礼仪

【模块导学】

"内在恭敬，表露于外。"礼仪是一种发自内心地对他人的恭敬，但是也需要通过外在的表现显现出来。而这种外在的表现则主要体现在日常具体的仪态之中。在日常工作和交流中，人们说话，用有声的语言进行沟通，传达着彼此的感情。同时，也有一种无声的语言在进行隐形的信息表达，那就是人们的仪态。

仪态是身体所传达出的姿态。与语言用声音来明确表达和交换信息不同的是，仪态是可视的，它通过人们的表情、肢体动作、身体姿势等给人以视觉印象，巧妙地传达着视觉的信息。它借用体态来说话，在沟通中通过体态来交流，在行为中用体态来传达微妙而又曲折的信息。可以说，仪态作为一种无声的语言，让人们能够在视觉中感觉信息，感受他人的精神状态和内心世界，有时更是发挥着有声语言所没有的功能——无声胜有声。

对于金融行业工作人员来说，他们日常工作中的一言一行所展示出的仪态，都如一面镜子，反映出其个人的姿态和风度，展现着个人的内在修养。金融行业工作人员在为客户提供服务时，其身体动作、目光、手势等，都传达着相应的信息，微妙地展现着工作人员的内在精神状态，同时也被客户尽收眼底。

美好的仪态礼仪作为一种良好的修饰，能够加强仪态语言的价值。在商务交往中，优雅的仪态可以透露出自己良好的礼仪修养，增加不少的印象分，进而赢得更多合作和被接受的机会。依照金融服务的规范化要求，金融行业工作人员在工作岗位上及其他任何与客户交往的过程中都应该注意自己的仪态，务必高度重视体态语的正确运用。

【模块内容】

金融行业工作人员姿态礼仪

金融行业工作人员表情与手势礼仪

【学习目标】

知识目标：了解金融行业工作人员仪态礼仪的基本要求和规范，明确金融行业工作人员仪态礼仪的重要性。

能力目标：能根据金融行业对员工站姿、走姿、坐姿、蹲姿、手势、表情等基本仪态的要求调整自己的仪态；学会优雅得体地表达、运用仪态礼仪。

情感目标：具有金融行业工作人员仪态礼仪规范的意识，增强正确运用仪态礼仪的自觉性。

一、金融行业工作人员姿态礼仪

◆ 情境导入

本周，小 A 和同期入职的小王同在大堂为客户提供业务指导和咨询服务。小 A 发现，客户似乎对小王青睐有加，小王每天都忙得不亦乐乎，而自己却备受客户冷落。小 A 向主管寻求帮助。

◆ 任务描述

主管观察了一天对小 A 说："我觉得问题可能出在你的站姿上，你在站立时有些驼背，而且喜欢倚着墙壁或填单台，这样的站姿显得无精打采，影响了你的职业形象。"小 A 恍然大悟，决心加强姿态礼仪的学习。

◆ 任务分析

姿态属于行为美学，是人的身体在静态和动态中的有机结合，人在行为动作中所表现出来的姿态和风度，通过站立、走路、摆手等一系列肢体动作和身形姿势展现出来。作为一种无声的语言，姿态往往展现着个人的精神状态、心理状态，同时也折射出个人的修养水平和内在气质。金融行业工作人员在日常工作的坐、立、起、行中所展示出来的形体姿态，反映着个人的精神状态和风度修养，也展现着金融企业的整体形象和水平。金融行业员工应该掌握标准的坐姿、站姿、行姿、蹲姿规范，并将坐、立、起、行礼仪充分贯彻于日常工作和生活中。

◆ 任务实施

（一）坐姿礼仪

"坐如钟，入座轻，双肩平，腰立挺。"坐姿不仅要端正、稳重，而且要显示出精气神。员工不可懒散地瘫在座椅上，无论入座还是起身，都要做到又轻又缓，如有挪动座椅的需要，务必轻拿轻放。

金融行业工作人员整体上良好的坐姿能够给客户以规范的外在观感，在客户心中形成良好的印象。良好的坐姿礼仪要求选择正确的常用坐姿，坚持坐姿规范、仪态庄重，保持整体一致。同时，在工作中无论入座还是离座，都要求保持良好的礼仪和姿态。

1. 常用坐姿。在日常工作中，可以选择正位坐姿、侧位坐姿、重叠式坐姿，作为常用的坐姿方式。

（1）正位坐姿（见图2-24）。标准的正位坐姿为，身体坐在椅子的2/3处，上身自然坐直，胸部自然挺直，立腰收腹，肩平头正，双目平视，下颏微收，双腿自然弯曲，双脚平落地面上。女士把双手摆放在腿上，膝盖与脚踝处自然并拢；男士可以分开双腿，分开的距离略窄于肩宽，以2~3拳的距离为宜，双手自然放在膝上，也可以将双膝并拢，两脚自然分开45°。

（2）侧位坐姿（见图2-25）。侧位坐姿是在正位坐姿的基础上，保持身体挺直的情况下，两小腿后屈，双膝收拢，略向一侧倾斜，保持两腿平贴，脚尖着地。这种坐姿多适用于女士，显得端庄、文雅。

（3）重叠式坐姿（见图2-26）。在正位坐姿基础上，双腿向前，一条腿提起，腿窝落在另一腿的膝关节上，上边的小腿向内微微收起，贴向另一腿，小腿平行，脚尖向下。女士选择重叠式坐姿时，双膝要并拢，小腿平贴，同时务必保持脚尖向下。男士选择重叠式坐姿时，切记不要将脚尖对着客人。叠腿式坐姿不要变成"4"字形的架腿坐姿。腿要稳，不摇晃，不长伸，同时也不能脚尖向上，以鞋底示人。

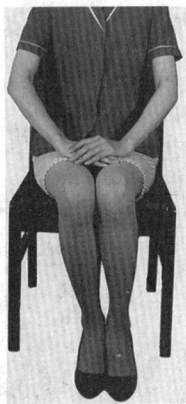

图2-24 正位坐姿　　　　图2-25 侧位坐姿　　　　图2-26 重叠坐姿

2. 入座到离座的坐姿要求。金融行业工作人员在入座以及离座时，要掌握正确的坐姿规范。

（1）入座姿态。入座时，要从左侧入。先将右脚后撤半步，然后坐下，入座要稳，力求无声无息。对于女士来说，入座前可用右手轻轻按住上衣前襟，用左手抚平裙摆后缓缓而坐。男士如果为避免上衣紧绷致使坐姿不适，入座时可先解开一粒西装扣。

坐下时，身体至少要坐满椅子2/3的部分，同时上身自然挺直，头平正，立腰，表情自然亲切，目光柔和平视，嘴微闭，两肩平正放松。两臂自然弯曲，双手叠放在膝上，也可放在椅子扶手上，掌心向下（如果是柜面人员，则要双手进行自然交握，放在桌面上）。女士双膝自然并拢，男士双膝可略分开，距离窄于肩宽，同时双腿自然弯曲（正放或斜放），两脚平落地面。

女士如坐立时间过长，而感到疲劳时，可以适当调整腿部姿势，在标准坐姿的基础上，选择侧位坐姿。男士也可以适当把自己的坐姿调整为重叠式坐姿。

（2）离座姿态。金融行业工作人员在离座前，如果有交谈对象，则需要先以语言或动作向对方示意，表示要离座。离座时，右脚向后收半步而后起立。起立时上身要直，起身后采用基本站姿站定，然后从座椅左侧离开。整个过程要保持动作平稳轻缓，不要让座椅发出声响。离去时，保持座椅与其他工作人员的座椅形成一条直线。

（3）注意事项。从进入座位坐下到起身离开，都要向身旁人或交谈对象进行致意和示意，然后再入座和离座。同时，入座到离座，都是从左边进，从左边出。从入座到离座，力求做到动作轻缓稳重，姿势自然美观、姿态端庄大方。

想一想：女士穿着裙装时哪种坐姿更显端庄、优雅？

（二）站姿礼仪

"站如松，挺胸膛，昂起头，看前方。"站姿应当挺拔，抬头挺胸，不要无精打采地弯着腰、低着头，双目要有神地看向前方，不要目光涣散、东张西望。

对于金融行业工作人员来说，女士应该站得典雅自然、亲切有礼，男士应该站得身形挺拔、精神饱满、稳重自信。这种积极正面的站姿形象，对应着标准的站姿礼仪。

标准站姿，从正面来看表现为：全身笔直，两眼平视，表情自然，两肩平齐，两臂自然下垂，两脚跟并拢，两脚尖张开约60°，身体重心落于两腿正中。从侧面看来，两眼平视，下颏微收，挺胸收腹，腰背挺直，身姿庄重优美。要做到标准站姿，女士和男士需要掌握一些基本的动作要领，从细节上力求做到完美。

1. 女士站姿（见图2-27）。女士的标准站姿是：身体立直，双肩打开，然后自然下垂，立腰挺胸，收腹提臀，抬头收下颏，两眼平视前方，头、颈、背保持一条直线，目光柔和，面带微笑。右手在前，左手在后，双手交叉于虎口处，放在小腹前。双腿立直，双膝并拢，左脚的脚跟向右脚的脚踝处靠拢，呈"V"字形分开，保持45°到60°，身体重心放于两脚中间。

2. 男士站姿（见图2-28）。男士的标准站姿是：身体直立，双肩打开并自然下垂，抬头挺胸，收腹提臀，抬头，稍收下颏，两眼目视前方，目光柔和，面带微笑，头、颈、背保持一条直线。腰部平直，双腿直立，双脚呈"V"字形分开或平行分开。双脚平行分开时，分开距离窄于肩宽，保持2~3拳宽的距离。双手置于身体两侧，自然下垂，也可左手放在右手之上，保持掌心向内，手指自然弯曲，双手相握放于腹部前，或放在身后。

3. 注意事项。金融行业工作人员在工作中规范站立时，动作不要僵硬呆板，应保持姿态轻松但不松懈，同时配合相应的面部表情，唇带微笑。站立时，注意不要双手插兜，同时也不要用手叉腰。在营业场所内迎接客户或为客户提供服务时，不要背对客户，也不要用身体倚靠其他物体，注意手部、腿部都不要乱动。

图2-27 女士站姿

50

图 2-28　男士站姿

想一想：男士站姿和女士站姿的区别？

（三）行姿礼仪

"行如风，步履轻，头不摇，身不晃。"行姿要正确，行走时要快速、有力，但不可慌慌张张，也不可发出很大的踏地声。在行走过程中，上半身应当始终保持端正，不要摇头晃脑，身子也不要扭来扭去。

美好的行姿能够给人以动态美的美感，显现出个人良好的精神状态和风度。金融行业工作人员应该掌握标准良好的行姿礼仪，做到行走中步伐从容、步态优美、步速稳健，给人以舒张矫健、庄重大方的感觉。

标准的行姿是：头正、肩平、身挺拔、步位直、步幅适当、步速平稳。

1. 正确的行姿（见图 2-29）。行姿是站姿的延伸，行走之前，站姿首先要端正。行走时，身体协调，双肩相平，上身不晃，双腿直而不僵，双臂自然摆动。

摆臂时，以肩关节为轴，上臂带动前臂，向前后自然摆动，以前摆 35°、后摆 30°为宜，肘关节略弯曲，前臂不要向上甩动，摆臂要自然。迈步时，上身挺直，重心稍稍向前倾，提髋，屈大腿带动小腿向前迈。同时，保持膝关节和脚尖正对前进方向，脚尖略抬，脚跟先接触地面，依靠后腿将身体重心推送到前脚脚掌，使身体前移。前足着地或后足离地时，膝部要伸直，不要弯曲。脚抬得不要太高，也不要太低。

步幅上，两脚要搭配协调。左脚一步迈出，左脚脚跟离右脚脚尖的距离标准为：男士以一个脚半的距离为宜，女士以一脚距离为宜。根据身材高低的不同，进行适当改变。步速上，行走速度要适中均匀，不能太快，也不能太慢，力求自然稳健。步位上，行步的线迹应

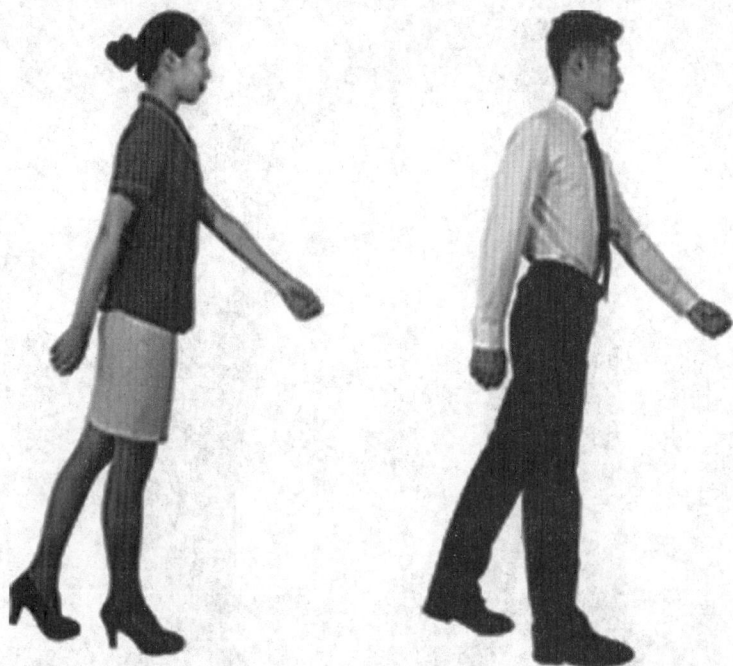

图 2 - 29　行姿

该是"一条线"或"两条平行线"。女士的双脚跟走一条线，走直线交叉步，不迈大步。男士的双脚跟走两条线，两线尽可能靠近，步履可稍大。

2. 行走中的注意事项。在行走时，女士不要走猫步，不要晃动臀部。男士不吊脚跟，不扭腰。走向目标方向时，不要摇头晃脑，或者左顾右盼。工作场合与同事一起同行时，也不要相互扶臂膀。如果不是紧急情况，行走中不要奔跑跳跃。

在营业场所中行走时，尽量靠右边行走，不走中间，避免妨碍客户通行。如果因为工作需要必须先客户一步走时，要先礼貌道歉，说声"对不起"。遇到紧急状况时，倘若前面有多位客户在行走，应该从客户后面绕行，不宜从中间穿行。

想一想：金融行业工作人员在陪同引导客户时应居于客户的哪一侧？

（四）蹲姿礼仪

在金融行业工作人员的日常工作中，或是整理工作环境，或是给予客户帮助，为他们提供必要的服务，或是捡拾地面物品、自我整理装扮等，难免会遇到需要下蹲的情境和场合。在这样的情况下，是否能够保持良好的蹲姿，关乎其个人形象，也关乎客户的印象和评价。因而金融行业工作人员要掌握规范的蹲姿，让下蹲姿态显得自然得体、优雅大方。以拾取地上物品为例，女士需要采用下蹲姿势时，可先站在所取物品的侧面，一脚放在前面，一脚放在后面，两腿前后错开后互为倚靠，沉下腰部超过 45°时，双膝自然弯曲，双腿一高一低，前脚全着地，小腿基本垂直于地面，后脚跟提起，脚掌着地，臀部向下。下蹲时上体要直，要做到不低头、不弯腰，轻轻下蹲、轻轻起身（见图 2 - 30）。对于男士来说，则是在弯腰超过 45°时，屈膝下蹲，两脚前后分开，小腿前直后平，上身要直，动作要轻（见图 2 - 31）。

图 2 - 30　女士蹲姿　　　　　　　　　　图 2 - 31　男士蹲姿

　　捡拾物品时，物品不同，下蹲的动作幅度可能就不同。不需要完全下蹲的，则稍稍欠身、屈膝、弯腰，然后捡起物品，保持姿态优美，避免动作突然，姿态生硬；需要完全下蹲才能拿取的，则采取标准下蹲方式，双脚一前一后，双膝一高一低，自然地屈膝沉腰，力求动作自然，身形的曲线流畅优美。

　　下蹲前，如果身边有人在场，应当注意下蹲方位，选择侧身示人。如果选择背对他人会显得不够尊重，而面对他人的话，可能会给他人带来不便。

　　下蹲的过程中，态度上应该落落大方，不要遮遮掩掩。在下蹲时，务必不弯腰、不垂头，双腿相靠，臀部向下，使头、胸、膝关节在同一角度上，保持蹲姿优美。两腿叉开，臀部抬起，或是两脚平行，两腿左右分开，进行平衡下蹲，都不是雅观的姿态。女士穿裙装下蹲时，务必先整理好裙摆再下蹲，同时要注意衣装不可以露，也不可以透。在平时的工作中，也不要蹲下休息。

　　练一练：对照训练镜练习，掌握规范的蹲姿。

◆ **反馈小结**（见图 2 - 32）

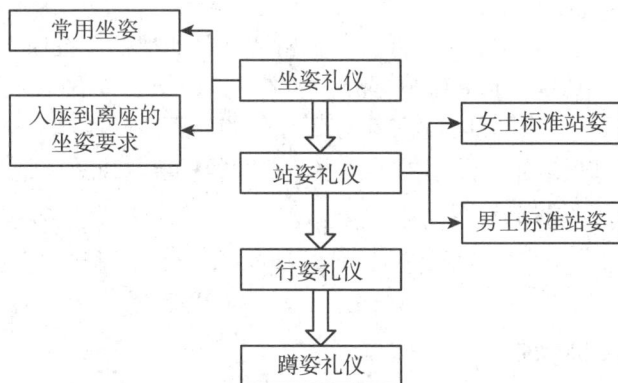

图 2 - 32　姿态礼仪

◆ 延展训练

案例：许梅是银行的一名员工，她的工作职责是在大堂矮柜为客户办理网上银行业务。有一天，当有客户进来的时候，许梅还坐在她的转椅上左摇右晃，加之业务办理过程中网络出现故障，她依旧还是斜坐在椅子上一副漫不经心的样子。这些行为引起客户极度不满，将其投诉。

问题：客户为什么要投诉许梅？请从金融行业柜面服务人员坐姿的角度分析。

二、金融行业工作人员表情与手势礼仪

◆ 情境导入

优质真诚的服务源于付出。作为一名大堂经理，小A深知自己的一言一行不光代表着个人的修养，更代表着企业的形象。在日常服务中，她遵循大堂经理的岗位职责要求，热情大方、主动规范为客户服务，把客户当亲人一样对待。当客户进入营业大厅，她会主动迎上前，对客户以亲切的微笑（那是一种真诚的、发自内心的微笑，像穿过乌云的太阳，带给人们温暖），并热情地询问："您好，请问您要办什么业务？"明白客户的来意之后，小A主动提供各种不同的服务。当柜台前的客户较多需要排队等候时，小A会对正在等候的第二位客户说："对不起，请您在一米线外等候，好吗？谢谢您的合作。"等客户办完业务后，她会真诚地道一声："请慢走。"

◆ 任务描述

亲切温暖的问候，优雅大方的服务礼仪，阳光一样灿烂的笑容让人感到舒心、惬意。小A的微笑服务为客户创造了一种轻松的氛围，使其在享受服务的整个过程中感到愉悦，同时也表现出金融行业工作人员对客户的重视与尊重。

◆ 任务分析

现代心理学家总结过一个公式：感情的表达 = 言语（7%）+ 声音（38%）+ 表情（55%）。表情在人与人之间的感情沟通上占有相当重要的地位。健康的表情留给人们的印象是深刻的，它是优雅风度的重要组成部分。手势是人们交往时不可缺少的动作，是最有表现力的一种"体态语言"。手的魅力并不亚于眼睛，甚至可以说手就是人的第二双眼睛。表情和手势表现的含义非常丰富，表达的感情也非常微妙复杂。金融行业工作人员应该掌握表情礼仪的规范，学会规范的手势动作。

◆ 任务实施

（一）目光和眼神的运用

目光是来自人心灵的语言，反射出人的内在情感，一旦与他人产生目光上的接触，往往能够带来心理上的共鸣（见图2-33）。美好的目光礼仪意味着，以微笑面对客户，让柔和、坦诚、大方的目光，成为清晨的阳光，洒落在客户的心田上。

图 2-33 目光礼仪

　　良好的目光礼仪，首先要遵循目光礼仪的基本原则，只有掌握正确的目光礼仪规范，才能为客户提供良好的目光礼仪服务。

　　1. 目光礼仪的基本原则。目光礼仪始于尊重。在服务场合中有许多这样的情况，服务人员面对客户态度敷衍时，目光中显示出的是不耐烦和浮躁，即便提供了完善的业务服务，带给客户的也是不快的感觉。美好的目光源自内心的真诚的尊重。如果尊重不是来自内心，目光往往生硬而麻木，即便用美好的语言进行修饰，其真实的态度也会从目光中泄露，为他人所察觉。因而，金融行业工作人员只有树立起以客户为主、尊重客户的意识，在与客户进行沟通和为客户提供服务时，才能真正以亲切友好的目光为客户带来良好的服务体验。

　　2. 目光礼仪的基本规范。尊重是良好的目光礼仪的出发点。金融行业工作人员在与客户进行目光互动时，还应掌握视线接触时的基本规范，把握目光尺度并善用目光。

　　（1）掌握视线接触位置。视线接触位置不同，互动效果就会不同，要依据具体情况做相应的接触位置调整。

　　与初次见面的客户进行短暂的交谈时，一般要注视对方的眼睛到前额的上三角区域。与客户进行长时间的交谈时，就要对视线接触的位置进行适当调整。在此过程中，可以将注视区域转移到客户的整个面部，但是不要只凝视一点。同时也不要长时间凝视，长时间盯着一个地方看，会给客户带来不必要的压力和紧张感。视线位置可以随着谈话内容的改变而改变，比如，可以把目光转移到对方的手势、资料上。而当客户讲到一个重要部分时，可以用柔和亲切的目光集中注视对方的眼睛和眉毛区域，让他感觉到你的尊重、礼貌、认真和用心。在用目光接触客户时，如果把视线转向客户比较私密的部位（如头顶、胸部、腹部、臀部等），那么是非常失礼的，也会让对方反感和不悦。

　　（2）把握目光接触时间的度。在与客户进行目光接触时，要坚持适度、舒适的原则。一般来说，与客户目光接触的时间是与对方相处的总时间的1/3，每次看对方的眼睛约3秒，会让对方感觉到比较自然。在与客户进行沟通交谈时，要把握目光接触时间的度，不要游移不定，也不要长时间盯着对方的眼睛，否则会让对方在紧张局促的同时产生抗拒情绪。

　　（3）保持目光稳定。在与客户进行交流时，不要反复上下打量客户，也不要眼神不定，或是斜视别人。反复上下打量客户，会让客户感觉到自己被挑剔和审查评判，会使客户心情不愉快乃至产生反感情绪。注意他人时，眼神游移不定，会让客户产生不快的感觉，很难获得客户的信任。保持目光的稳定坦诚、落落大方比较适宜。

（4）目光应适当变化。与客户进行沟通时，不要只是单单注视客户，或是露出一成不变、麻木呆板的目光。这样的目光会让客户感到对方在敷衍自己，觉得自己的话语未被关注，从而产生不悦和反感。反之，在与客户交流的过程中始终以柔和的目光注视客户，同时根据客户的谈话内容进行目光的适当变化，这样便能够恰当地传达出专注认真的倾听意向，让客户感觉到你在全神贯注地为他提供服务，从而营造出轻松、和谐的交往氛围。

（5）用目光展现关切。目光有时有着语言所不及的软性影响力。金融行业工作人员在与客户进行沟通时，应该学会以友善的态度，用亲切柔和的目光给予客户适当的关怀。在营业厅内，与客户视线相交时，就要用眼神表示回应，进行亲切的问候。在与客户进行交谈的时候，应该面带微笑，用柔和的目光注视对方，以表示尊敬和礼貌；送客时，等客人转过身走出一段距离后，再转移视线。而当客户在说错话或做了不自然的动作时，对方可能会感到尴尬，担心别人对其产生不良的观感和评价。此时，就要在视线接触时，用柔和的眼神，给予客户安慰和鼓励。

3. 关系不同，注视区域不同。

（1）处理异议的注视区域。金融行业工作人员在接受和处理客户投诉、异议或与客户进行谈判时，一般的注视区域为：客户的眉心到双肩这一大的三角范围。目光如果过于紧凑或集中，往往会让客户产生压力，同时会进一步激起其对抗情绪，使其产生防御抵制和抗拒心理，导致沟通难以有效进行。在注意范围比较广泛的情况下，视线所造成的氛围会比较轻松，不至于让客户的情绪太过紧张，同时也可以减少客户的压力，进而营造较为宽松的交流氛围，让双方能够趋于理性地交谈下去。

（2）沟通服务中的注视区域。金融行业工作人员在工作中与客户沟通交流时，一般注视客户的双眼到鼻子这一倒三角范围。这样可以恰当地传达出专注、认真的沟通意向，进而营造出一种平等、亲切和轻松的交流氛围，让客户感到必要的尊重和关注，而不会产生被怠慢的感觉。在与客户沟通时，如果配合以微笑和适当的点头，往往能够很好地拉近与客户的关系。如果沟通时间过长，可以把注视区域扩展到客户的整个面部。

（3）关系密切时的注视区域。金融行业工作人员在与熟悉的客人进行交谈时，如对方是常来常往已经有着友好而融洽关系的客户，一般可以注视客户的眉心到嘴部的三角范围。应当注意，在交流时，除非是很熟悉的客户、同性的客户、年龄相差很大的客户，否则不要轻易注视对方的嘴唇，也不要长时间凝视一个位置。

想一想：金融行业工作人员与初次见面的客户进行短暂的交谈时，一般注视对方面部的哪个区域？

（二）学会微笑

人的表情是人的身体语言中最为丰富的部分，是一个人内在情绪的外在流露。笑容是人们表情中最有感染力和最有影响力的部分，能够消除人与人之间的陌生感，使人产生心理上的安全感、亲切感和愉悦感，具有沟通感情、传递信息的作用。

1. 笑容的程度。生活中，笑容有微笑、轻笑、大笑以及羞怯的笑、尴尬的笑、嘲讽的笑等许多种，其中最美的是微笑。在商务交往中合乎礼仪的笑容有以下几种：

（1）含笑。程度最浅的笑，它不出声，不露齿，仅是面含笑意，意在表示接受对方，待人友善。其适用范围较为广泛。

（2）微笑。程度较含笑为深的笑（见图2-34），它的特点是面部已有明显变化：唇部向上移动，略呈弧形，但牙齿不会外露。它是一种典型的自得其乐、充实满足、知心会意、表示友好的笑。在人际交往中，其适用范围最广。

图2-34 微笑

（3）轻笑。在笑的程度上较微笑为深，它的主要特点是面容进一步有所变化：嘴巴微微张开一些，上齿显露在外，不过仍然不发出声响。它表示欣喜、愉快，多用于会见客户、向熟人打招呼等情况。

（4）浅笑，轻笑的一种特殊情况。与轻笑稍有不同的是，浅笑表现为笑时抿嘴，下唇大多被含于牙齿之中。它多见于年轻女性表示害羞之时，通常又称为抿嘴而笑。

（5）大笑。其特点是：面容变化十分明显；嘴巴大张，呈现为弧形；上齿和下齿都暴露在外，并且张开；口中发出"哈哈哈"的笑声，但肢体动作不多。它多见于欣逢开心时刻，尽情欢乐，或是高兴万分，一般不宜在商务场合中使用。

美国密歇根大学的心理学家詹姆士·麦克奈尔教授谈到，有笑容的人在管理、教导、推销上更能成功，更可以培养快乐的下一代。真诚的微笑不但可以让人们和睦相处，也给人带来极大的成功。旅馆大王康纳·希尔顿就是善于利用微笑来获得成功的典型。每天他对服务员的第一句话是："你对顾客微笑了没有？"他要求每个员工不论如何辛苦，都要对顾客投入微笑，即使在旅店业务受到经济萧条的严重影响的时候，他也经常提醒职工记住："万万不可把我们心里的愁云摆在脸上，无论旅馆本身遭受的困难如何，希尔顿旅馆服务员脸上的微笑永远是属于旅客的阳光。"经济萧条刚过，希尔顿旅馆就率先进入新的繁荣时期，跨入黄金时代。

微笑是最富魅力的体态语言之一。发自内心的微笑是渗透情感的微笑，包含着对人的关怀、热忱和爱心。

2. 微笑的基本方法。金融服务行业工作人员在工作岗位上，一般都应当满面笑容，意在为服务对象创造一种轻松的氛围，使其在享受服务的整个过程之中感到愉悦和尊重。微笑应发自内心、自然大方，微笑礼仪的标准是眼睛笑、眼神笑、嘴角上翘，给人亲切自然的感觉。有魅力的微笑并不一定是天生的，它可以通过后天训练获得，让微笑变得迷人。

（1）放松面部肌肉，使嘴角微微向上翘起，让嘴唇略微呈弧形，不牵动鼻子，不发出声音，不露出牙齿，轻轻地一笑。

（2）闭上眼睛，调动感情，并发挥想象力，回忆美好的过去或展望美好的未来，使微笑源自内心，有感而发。

（3）坚持对着镜子练习，使眼睛、面部肌肉、口型等和谐自然。

（4）当众练习，使微笑大方、自然，克服羞怯和胆怯心理。让观众加以评判并及时改进。

3. 微笑的四个原则。

一是口眼结合，口到、眼到、神色到，做到笑容诚恳和发自内心。发自内心的微笑，会自然调动人的五官，眼睛略眯、眉毛上扬、鼻翼张开、脸肌收拢、嘴角上翘。

二是神情结合，显出气质。笑的时候要精神饱满、神采奕奕、亲切甜美。

三是声情并茂，相辅相成。语言与微笑都是传播信息的重要途径，只有微笑与美好的语言相结合，声情并茂，你的热情、诚意才能为人理解，并起到锦上添花的效果。

四是与仪表举止的美和谐一致，从外表上形成完美统一的效果。

练一练：对照镜子练习微笑，注意眼神、眉毛、面部肌肉、口型在笑时和谐统一。

（三）正确使用手势

手势作为一种体态语言，具有丰富的表现力。在日常工作中，金融行业工作人员应掌握正确的手势礼仪，在工作中借助美好而规范的手势语言，为顾客提供标准化和礼仪化的服务，让客户获得精致的服务体验，进而提升企业的服务水平和服务形象。

1. 柜面服务手势。柜面服务人员为客户提供的手势服务，包括柜面服务人员站立时为客户提供服务，以及坐在窗口内为客户提供服务时相应手势。

站立时，男士保持双臂自然下垂，双手指尖向下，自然弯曲，掌心向内，放在身体两侧，垂手而立。也可以以右手轻握左手腕部，左手握拳，两手自然相握，放在腹前或身后两臀中间。女士则保持掌心向内，右手在前，左手在后，双手交叉于虎口，自然叠放在小腹前。

坐时，从等待客户到来，请客户坐下，为客户办理业务，直至送客户离开，都要遵循一定的手势礼仪。

（1）等待客户时：柜面人员上身保持挺直，身体趋近柜台，手臂自然弯曲，将腕部到肘部的2/3处放在柜台边缘，掌心向下，双手自然叠放在柜台桌面上（见图2-35）。不要把手放在桌子下面，也不要把手肘支在座子上，同时不要玩弄手指。

（2）请客户递送物品时：客户来到窗口办理业务，往往需要递交表单、银行卡等相关资料，柜面人员要用手势请客户注意递送物品的位置。此时的服务手势是伸出右手（见图2-36），手臂自下而上从身体前自然划过，且与身体呈45°，伸直手臂后，四指自然并拢，掌心向外，以肘关节为轴，手指指向需要放置的位置，目光同时配合，看向指尖所指示的方向。做指引手势时，注意动作不要太突然，同时手势幅度不要太大。

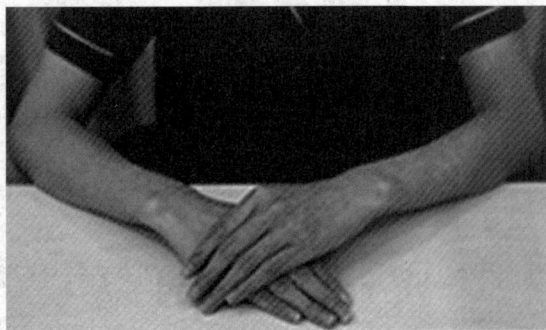

图2-35　等待客户手势

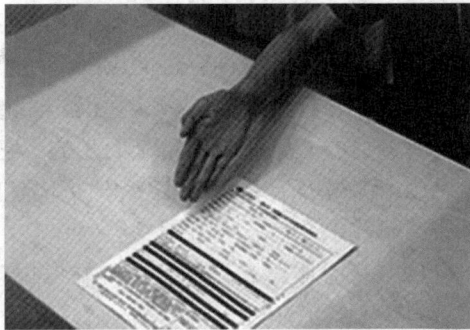

图2-36　请客户递物手势

（3）与客户接柜时：柜面人员看准客户放置物品的位置后，上身略微前倾，用右手略微向下，接过客户递过来的物品。接物品时，不要使用左手。

（4）送客户时：柜面人员为客户办理完业务后，要送客户离开。此时起身行欠身礼，手指伸直并拢，手心斜向上，手臂向外侧摆动，手势范围在腰部以上，肩部以下，同时微笑目送客户离开。

2. 常用的指引手势。金融行业工作人员在工作中用手势为客户提供指引时，首先需要遵循标准指引手势的要求。标准指引手势的基本要求是，手掌要自然伸直、手指并拢，拇指略与食指呈45°，手腕伸直，使手与小臂成一条直线，肘关节自然弯曲，掌心对向斜上方，手掌面与地面应该呈45°。不同的情境和场合往往对应着不同的手势，以下列举几种常见的引导手势。

（1）"请进"手势：表示"请进"时，可采用横摆式手势进行引导。首先面带微笑，轻声地对客人说"您请"，而后作出"横摆式"手势。标准的横摆式手势为，手指伸直并拢，手掌自然伸直，手心向上，肘部弯曲，腕部低于肘部，以肘关节为轴，手从腹前抬起向右摆动至身体右前方，不要将手臂摆至体侧或身后。工作的脚站成"右"丁字步。头部和上身微向伸出手的一侧倾斜，另一手下垂或背在身后，目视客户，面带微笑（见图2-37）。

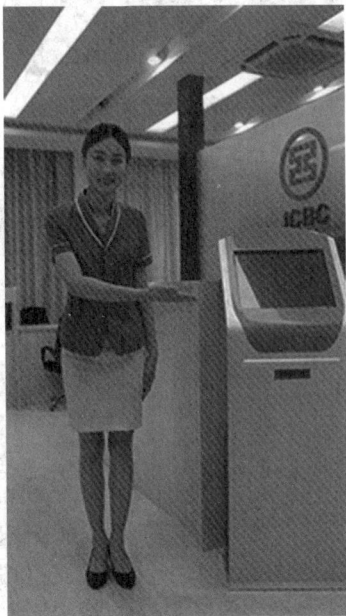

（2）"里面请"手势：请客户向里面走时，可采用曲臂式手势。标准式的曲臂式手势为，手指伸直并拢，掌心斜向上，臂弯曲，从体侧向体前摆动，手臂高度在胸部以下，腰部以上，指向目标方向。同时，目视客户后目光转向目标方向，面带微笑（见图2-38）。

图2-37　"请进"手势　　　　　　　　图2-38　"里面请"手势

（3）"请往前走"手势：引导客户注意前行方向时，应采用直臂式手势。标准的直臂式手势为，手指伸直并拢，手心斜向上，弯曲肘部由腹前自下而上抬起，向外侧横向摆动，手臂在摆到肩部的高度时停止，肘关节基本伸直。此时，身体侧向客户，目光由客户方向转向指示方向，进行示意，同时面带微笑（见图2-39）。

（4）"诸位请"手势：当客户比较多时，表示请的动作的幅度要大一些，可采用双臂横摆式。标准的双臂横摆式手势为，双臂从身体两侧向前上方抬起，两边肘部微微弯曲，向两侧摆出。指向前方一侧的手臂要略抬高、伸直，另一手臂则稍稍放低，略弯曲一些（见图2－40）。

图2－39　"请往前走"手势

图2－40　"诸位请"手势

（5）"请坐"手势：请客户入座时，可以采用斜臂式手势。标准的斜臂式手势为，将右手从身前抬起，曲臂基本为90°后，以肘关节为轴，向右下方摆去，使手臂向下呈一条斜线（也可略有弯曲），指尖指向座椅的具体位置，表示请客户入座（见图2－41）。

3. 运用手势时的注意事项。金融行业工作人员在做手势时，或是把手自然放在身侧，或是把手背在背后，注意手不要放在口袋里。做手势时，掌心对向斜上方，不可全部向上或向下，也不能用手指、食指对着他人。在为客户提供手势指引时，使用手势的频率不要太高，同时手势幅度不要太大，手势最高不能超过耳朵。手臂的线条可硬可软，手势动作宜自然流畅，不宜僵硬，力求协调美观，切勿突然做出手势动作，或用力过猛。完美的手势应该做到简单准确、清晰明了，同时和亲切自然的面部表情、准确的服务语言以及身体其他动作的协调配合，以求从整体上展现金融行业员工的良好仪态，给客户以美的观感。

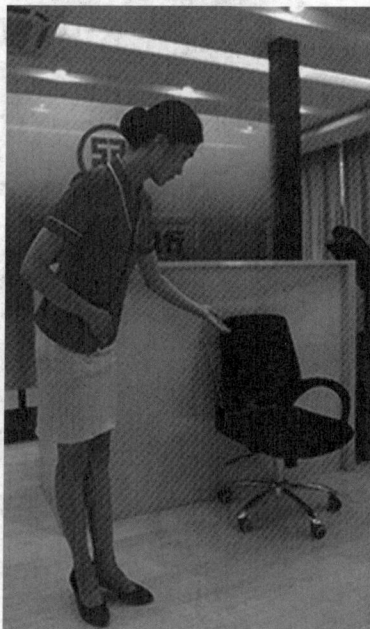

图2－41　"请坐"手势

练一练：对照镜子练习柜面服务手势和常用指引手势，做到自然流畅，力求协调美观。

◆ **反馈小结**（见图2-42）

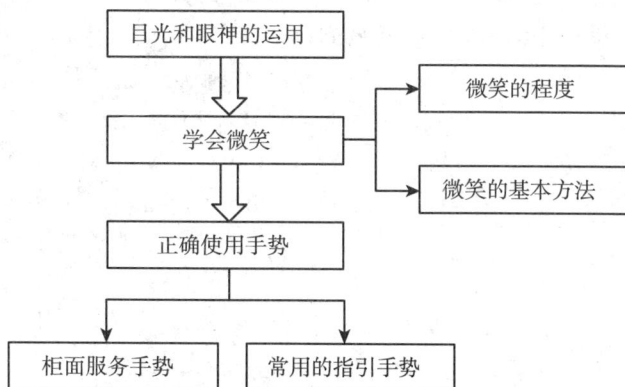

图2-42 表情与手势礼仪

◆ **延展训练**

作为金融行业的工作人员，每天要接待众多的客户。面对客户，小A如何用亲切自然的眼神与客户进行沟通交流？

（1）两人一组，练习面带微笑问候对方，用目光与对方交流，试着揣摩对方的心理。

（2）在形体训练室的训练镜前训练，用眼神微笑，直到自己和同学满意为止。

【模块知识巩固】

1. 单选题

（1）标准的正位坐姿为身体坐在椅子的（   ）处，上身自然坐直，胸部自然挺直，立腰收腹，肩平头正，双目平视，下颌微收，双腿自然弯曲，双脚平落地面上。

    A. 1/2   B. 1/3

    C. 2/3   D. 3/4

（2）入座时，应从座位的（   ）侧入座。

    A. 左   B. 右

    C. 前   D. 后

（3）金融行业工作人员在工作中用手势为客户提供指引时，掌心对向斜上方的情况下，手掌面与地面应该呈（   ）角。

    A. 30°   B. 45°

    C. 60°   D. 90°

（4）与初次见面的客户进行短暂的交谈时，一般要注视对方（   ）。

    A. 眼睛   B. 眼睛到前额的上三角区域

  C. 鼻子到下巴区域   D. 鼻子

2. 多选题

(1) 金融行业工作人员在工作中规范站立时，不得（ ）。

  A. 双手插兜   B. 手叉腰

  C. 身体倚靠其他物体   D. 腿部抖动

(2) 金融行业工作人员在行走时应该做到（ ）。

  A. 大步流星   B. 速度不紧不慢

  C. 一路小跑   D. 步伐大小适中

(3) 微笑应该做到（ ）。

  A. 口眼结合   B. 神情结合

  C. 声情并茂   D. 与仪表举止的美和谐一致

3. 简答题

(1) 金融行业工作人员在行走中的注意事项有哪些？

(2) 金融行业工作人员在运用手势礼仪时应注意哪些问题？

【项目实训】

◆ 实训内容

  在老师的指导下以班级为单位，分小组、分角色模拟某金融行业日常接待客户，与客户交谈场景。

  目标：通过实训活动，掌握金融行业工作人员仪态礼仪中站、坐、走、蹲等姿势的要求，能够灵活得体地结合微笑和眼神，正确运用手势。

  流程：微笑—站姿—眼神交流—指引手势—入座—起身—走姿—捡拾物品—递交物品手势。

◆ 上交作业

(1) 仪态礼仪展示录像视频。

(2) 总结报告一份。

◆ 实训要求

(1) 在有镜子的形体实训室，穿职业正装，女生化淡妆。

(2) 自我操作与小组同学互助相结合，完成金融行业工作人员仪态礼仪展示的流程。

(3) 自我检查与小组成员相互检查相结合，教师最后加以点评和提出改进意见。

◆ 评分标准

(1) 展示程序40% + 实训态度20% + 小组协作情况20% + 化妆后效果20%（见表2-2）。

表 2 - 2　　　　　　　　　　　　　　　评分标准及要点

项目	分值比例/%	评分要点
展示程序	40	按照金融行业工作人员仪态礼仪要求结合微笑和眼神，展示站姿、坐姿、行姿、蹲姿等姿态，并且正确运用手势
实训态度	20	工作主动，积极参与
小组协作情况	20	团队合作精神好，合作能力强
展示效果	20	自然得体

（2）教师 60% + 小组互评 20% + 自评 20%。

模块三　金融行业工作人员语言礼仪

【模块导学】

俗话说"酒逢知己千杯少，话不投机半句多""良言一句三冬暖，恶语伤人六月寒"。语言是双方信息沟通的桥梁，是双方思想感情交流的渠道。语言交流在人际交往中占据着最重要的位置，准确优美、生动形象、亲切感人的语言会给人以愉悦的感受，创造出融洽和谐的气氛。金融行业工作人员的语言礼仪，是指金融行业工作人员在语言的选择和使用中，表现出良好的文化修养和职业素质，准确地运用文明、有礼、清晰的语言是金融服务礼仪的重要组成部分。金融行业工作人员掌握规范的语言礼仪是提高服务水平和服务质量的必由之路。

【模块内容】

金融行业工作人员的用语规范
金融行业工作人员的行业用语

【学习目标】

知识目标：了解礼貌用语、文明用语的用语规范；了解金融行业用语的规范。

能力目标：掌握礼貌用语、文明用语的使用规范；熟悉金融行业的岗位工作流程，并能应对不同情景使用得体的语言。

情感目标：能够认识到语言礼仪的重要性，具有金融行业工作人员规范用语的意识。

一、金融行业工作人员的用语规范

◆ 情境导入

这天，小 A 信心爆满、劲头十足地上岗工作时，发现隔壁窗口排队的人很多，于是她冲着一列长长的队伍大声说："喂，你们过来吧！这里可以办理业务了！"等到一位老大爷过来后，她热情地问："你要办什么呀？"这样一上午结束了，主管把她叫到一边谈话了。

◆ **任务描述**

主管对小 A 说："语言是服务人员与客户沟通与交流时最重要的手段，掌握语言沟通礼仪规范和技巧是做好服务的一项必备的基本功，也是员工个人综合素质的体现。在职业场所，我们要特别注意和重视言语的礼貌礼节。"

◆ **任务分析**

金融行业工作人员的用语规范要求金融行业工作人员在语言的选择和使用时，能够准确地运用文明有礼、高雅清晰、称谓恰当、声音柔和的语言，表现出良好的文化修养和职业素质。

◆ **任务实施**

（一）礼貌用语

金融行业礼貌用语主要是指在服务过程中，金融行业工作人员表示自谦恭敬之意的一些约定俗称成的语言及其特定的语言表达。在服务岗位上，准确恰当地使用礼貌用语，是服务行业对从业人员的基本要求。礼貌用语的种类主要有：

1. 问候语。问候语一般为用于见面时的语言，并根据时间、对象、场合的不同而不同。在服务岗位上，使用问候语的主要时机有：一是主动服务于他人时；二是他人有求于自己时；三是他人进入本人服务区时；四是他人与自己相距较近或者有目光接触时；五是自己主动与他人联络时。具体的有"你好""各位好""早上好""下午好""晚上好"等。

2. 迎送语。迎送语一般为用于在服务岗位上迎来送往服务对象时的语言，如金融行业工作人员使用的"欢迎光临""再见""欢迎再来""请慢走"等。同时，还可以施以注目、点头、微笑、鞠躬等。

3. 请托语。该语言常用在请求他人帮忙或是托付他人代劳时，中心语是一个"请"字，如"请问""请稍后""请输入密码"等。

4. 致谢语。致谢语应用范围较广，既可以用于表示感谢，也可以用于表示感谢的应答，如"谢谢""多谢""不客气""这是我应该做的"等。

5. 征询语。在服务过程中，金融行业工作人员往往需要以礼貌语言向服务对象进行征询，此时采用的用语为征询语。

在主动向服务对象提出帮助时，通常使用"您需要帮助吗？""我可以为您做点什么？""您需要什么？"等，有时金融行业工作人员也可以用封闭式或选择性的语言进行征询，如"这一款理财产品是最新推出的，您需要了解一下吗？"或者"您存半年期还是一年期？"

6. 应答语。这是金融行业工作人员在岗位上用于回应服务对象的召唤或是答复询问时使用的语言，用语是否规范，直接反映了服务态度、技巧和质量。通常有肯定式应答："不要紧""没有关系"等。

7. 道歉语。金融行业工作人员在工作中因为客观原因导致差错、延误或者考虑不周时，应诚恳致歉。致歉应实事求是，也应适度，让服务对象明白你内疚的心情和愿意把工作继续做好的愿望即可。通常有"对不起""抱歉""对此表示歉意"等。

练一练：对照镜子说一说各类礼貌用语，注意表情和语调。

（二）文明用语

文明用语是指在语言的选择、使用中，表现出使用者良好的文明素养、认真的做事态度的一类语言。文明当先，是金融行业工作人员在工作岗位上使用语言时应当遵守的基本礼仪规范之一。

文明用语主要包括称呼恰当、口齿清晰和用词文雅等几个方面。

1. 称呼恰当。称呼是人与人交往时使用的称谓和呼语，对金融行业工作人员而言，称呼主要是指在接待服务过程当中，对于服务对象所采用的称谓语，称呼恰当与否，直接影响交际效果。使用恰当的称谓语，要从以下四个方面来具体入手。

（1）区分对象。金融行业工作人员所接触的服务对象众多，包括各界人士，由于彼此双方的关系、年龄、性别、身份、地位、民族等存在差异，因此在具体称呼服务对象时，应该有所区别。通常在工作中会用到的称呼有职务性称呼、职称性称呼、行业性称呼、性别性称呼、姓名性称呼。

（2）照顾习惯。现实生活中，应综合考虑客户的语言习惯、文化层次、地方风俗等多项因素，并予以区别对待。

（3）主次有序。实际工作中，往往需要在同一时间、同一地点对多名接待对象同时加以称呼。在这种情况下，既要注意在称呼对方时面面俱到，又要注意在称呼对方时主次有序。所谓主次有序，通常指的是在需要同时称呼多名接待对象时，一定要首先分清主次，然后由主到次、依次而行。在实际操作中，其标准做法有下列四种：

①由高而低。它的具体含义是：称呼多名人士时，应当自其地位较高者开始，自高而低，按顺序依次进行。

②由疏而亲。它的具体含义是：若被称呼的多名人士与自己存在亲疏之别，为避嫌疑，一般应当首先称呼其中与自己关系生疏者，然后再称呼其中与自己关系亲近者。

③由近而远。有时不便细分多名被称呼者的地位高低、亲疏，那么则不妨以对方距离自己具体空间位置的远近来进行，即先称呼距离自己最近者，然后再依次称呼距离自己较远者。

④统一称呼。在某些特殊情况下，对多名人士不必一一称呼，或者不便一一称呼时，则可采用统一称呼对方的方式作为变通。例如，以诸位、大家、各位来宾、女士们、先生们等方式直接称呼对方。

（4）禁用忌语。在需要称呼他人的时候，金融行业工作人员需要了解一些禁忌，以防出现不愉快。主要情况有：

①无称呼。在需要称呼接待对象时，一定要有适当的称呼。若是根本不用任何称呼，或者代之以"喂""嘿""下一个""那边的"，都是极不礼貌的。

②使用不雅的称呼。一些不雅的称呼，特别是含有人身侮辱和歧视之意的称呼，是绝对忌用的。

2. 口齿清晰。

（1）符合口语的特点。浅显易懂、生动形象是口语最重要的特点，一般来讲，口语之中不该出现术语、典故等，忌讳故弄玄虚。同时，口语交际时大多使用短句，无须使用很多修饰语，应简单明快、突出重点。

（2）用语标准。金融行业员工一定要会讲一口标准的普通话，同时对当地方言有所了解并具备一定的听说能力，这样才能为多元的客户群体提供周到的服务。

（3）语气恰当。语气是人们说话时表现态度、倾向的口气。在人际交往中，语气往往会透露出谈话者的情感倾向等信息。因此，金融行业工作人员与客户交谈时，一定要在语气上表现出热情、亲切、和蔼和耐心，注意不要让自己的语气显得急躁、生硬和轻漫。

3. 用词文雅。用词文雅要求金融行业工作人员在交谈时用词力求谦恭、敬人、高雅，避免说粗话、脏话、黑话、怪话和废话。

想一想：在任务情境中，小 A 的用语错在哪里？

◆ **反馈小结**（见图 2 – 43）

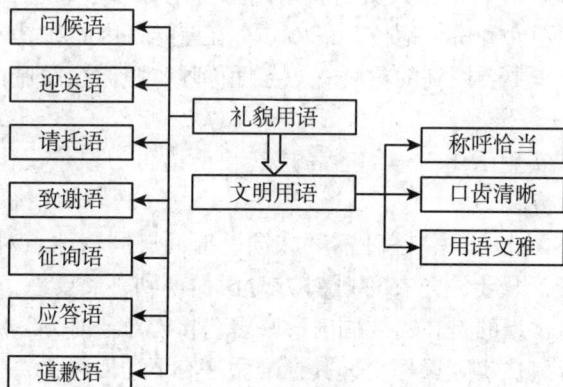

图 2 – 43　语言礼仪

◆ **延展训练**

金融行业员工在面对客户抱怨指责时应如何处理？如何使用亲切、规范的文明礼貌用语，有效解决客户的问题、维护客户关系？

二、金融行业工作人员的行业用语

◆ **情境导入**

一位客户前来咨询个人理财业务，小 A 非常卖力地介绍起各项理财产品，只见她眉飞色舞口舌翻飞，说了一堆"定投""复利""补仓"等专业名词，结果客户两眼茫然地听了一会，悻悻地走开了。小 A 觉得很奇怪："我可是科班出身的专业人士，他怎么不信任我呢？"

◆ **任务描述**

经理了解事情的经过后告诉小 A，问题出在她使用的专业术语过多，今后与客户沟通时应注意行业用语的使用原则，正确有效地使用行业用语，并且要了解金融行业用语的禁忌。

◆ **任务分析**

行业用语，又叫行业语、行话。它一般是指某一社会行业所使用的专门性用语，主要用以说明某些专业性、技术性的问题。金融行业工作人员在服务过程中使用一些专门的行业用语，才能显示本人的业务能力和职业素养，从而赢得服务对象的充分理解与信任。

◆ **任务实施**

（一）使用金融行业用语的原则

1. 准确原则。随着我国社会经济的发展，金融在支持产业、行业的发展过程中扮演着越来越重要的角色。这就要求金融行业从业人员不断更新自身知识储备，注意选词和用词的恰当性，高效地向客户介绍各类金融产品、金融服务的相关信息，阐明"是什么、为什么、有哪些收益、有什么风险"等方面的问题。

2. 高效原则。在生活节奏日益加快的今天，在最短的时间内为客户提供他所需要的信息和服务是金融行业工作人员发展新客户、维护老客户的一项必备行业技能。这就要求金融行业员工能迅速判断客户对金融行业专业用语的接受能力和层次，从而结合自身的专业知识为对方提供服务。

3. 实事求是原则。金融行业服务人员在与客户沟通时，不可不懂装懂，随口乱诌，随意编造，以假充真，向客户传达不真实、不准确的信息，以免造成客户理解错误，发生纠纷。

4. 适度原则。金融行业从业人员只有具备扎实的专业知识，才能赢得客户。但对行业用语的使用要掌握分寸、适宜适当，要切实考虑到客户的具体情况、客户的感受、客户的需求等，不可过多使用专业术语，以服务对象听懂为度。

想一想：在任务情境中小 A 失败的原因，请结合行业用语的使用原则进行分析。

（二）使用金融行业用语的禁忌

金融行业用语禁忌是指在金融服务中忌讳使用的语言。不当的用语会破坏工作人员与客户之间的关系，也会对金融机构的形象产生不良影响。

1. 不尊重之语。在服务过程中，任何对客户缺乏尊重的语言，均不得为金融行业工作人员所使用。

2. 不友好之语。粗暴的语言或是对抗的语言等都是不友好的语言。在任何情况下，金融行业工作人员都要牢记"和气生财"的古训，友善地对待每一位客户。

3. 不耐烦之语。金融行业的业务种类繁多，客户难免有时不能完全清楚或理解。在业务办理过程中，工作人员要秉承良好的服务意识，在接待客户时表现出应有的热情和足够的耐心，努力做到：有问必答、答必尽心，百问不烦，不分对象、始终如一。假如使用了不耐烦之语，不论初衷是什么，都属于用语禁忌。

4. 不客气之语。比如，在劝阻客户不要动手乱碰时，不可以说"乱动什么""老实点""坏了你赔得起吗"之类的不客气话语。

◆ **反馈小结**（见图2-44）

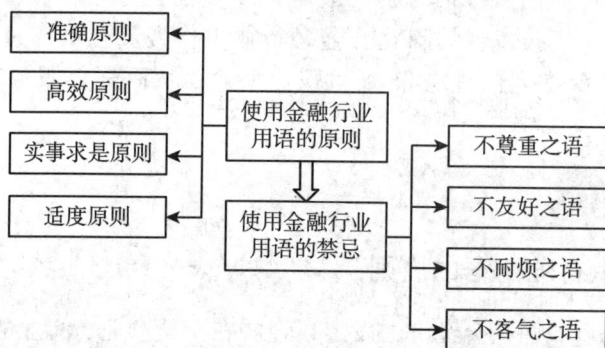

图2-44 行业用语的原则和禁忌

◆ **延展训练**

根据金融行业工作人员行业用语规范，模拟客户到网点咨询理财业务时行业用语的使用。

【模块知识巩固】

填空题

（1）礼貌用语的种类包括_____、_____、_____、_____、_____、_____、_____。

（2）使用文明用语要注意_____，_____，_____等方面问题。

（3）使用金融行业用语的原则包括_____、_____、_____、_____。

（4）使用金融行业用语的禁忌包括_____、_____、_____、_____。

【项目实训】

◆ **实训内容**

在老师的指导下以班级为单位，模拟客户向某金融机构投诉的过程。

目标：通过实训活动，能够充分使用文明礼貌用语，恰当使用金融行业用语，并能够灵活处理突发情境。

模拟形式：每个小组成员自选话题，分角色扮演客户、金融机构工作人员，模拟演练客户向某金融机构投诉的过程。

◆ **上交作业**

（1）模拟演练录像视频。

（2）总结报告一份。

◆ **实训要求**

（1）以班级为单位，教师全程把控。

（2）小组成员互相配合，根据情节安排相应角色。

（3）小组自评与小组之间互相点评相结合，教师最后加以点评和提出改进意见。

◆ **评分标准**

（1）展示程序40％ + 实训态度20％ + 小组协作情况20％ + 化妆后效果20％（见表2－3）。

表 2－3   评分标准及要点

项目	分值比例/%	评分要点
模拟演练	40	按照金融行业工作人员语言礼仪规范，充分使用文明礼貌用语，恰当使用金融行业用语，并能够灵活处理突发情境，展示金融行业工作人员的职业素养
实训态度	20	工作主动，积极参与
小组协作情况	20	团队合作精神好，合作能力强
展示效果	20	自然得体

（2）教师60％ + 小组间互评20％ + 小组自评20％。

职场交际——金融行业公务礼仪

小 A 的话：亲爱的小伙伴们，因为大领导希望我能够熟练地掌握金融行业公务礼仪，这一周，我来到市场部做了一名文员，负责市场部日常办公室事务，包括办公室环境管理、组织安排小型会议、协助领导接待来访人员、做好领导外出拜访的准备工作等。我可是充满期待哦！

本项目内容结构（见图3-1）

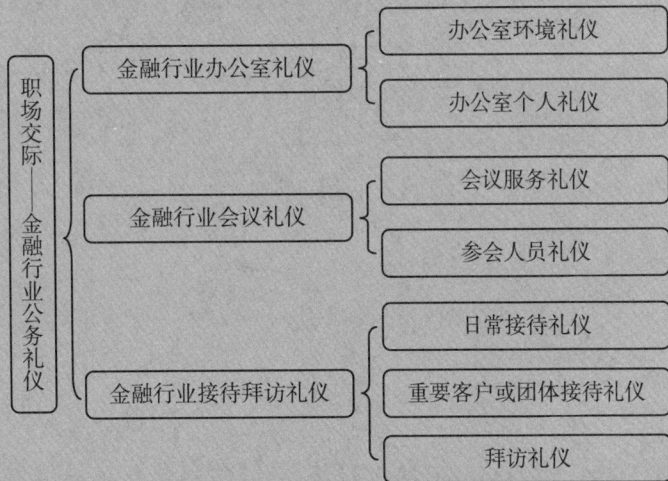

图 3-1　第三章内容结构

模块一 金融行业办公室礼仪

【模块导学】

办公室是金融组织人员处理日常事务、洽谈业务、接待来访者的场所，是金融组织人员最主要的活动舞台。办公室礼仪是员工在这一特定场所应具有的礼仪，它主要包括办公室环境礼仪和办公室个人礼仪。掌握并正确运用办公室礼仪，可以营造良好的工作氛围，提高工作效率，树立公司的良好形象。

【模块内容】

办公室环境礼仪
办公室个人礼仪

【学习目标】

知识目标：了解办公室礼仪的重要性，掌握办公室环境礼仪和个人礼仪规范，掌握金融行业办公室布置的方法。

能力目标：能根据礼仪规范合理布置办公室，熟练运用礼仪规范处理办公事务。

情感目标：能够与上司、同事、客户进行良好沟通，有踏实肯干的工作作风和主动、热情、耐心的服务意识。

一、办公室环境礼仪

◆ 情境导入

到市场部的第一天，市场部经理施林领着小 A 熟悉市场部的办公环境。小 A 发现，由于大家忙于手头工作，忽视了对办公区域环境的维护与管理，办公环境的布置不够合理，不少人的办公区域不够整洁，甚至存在各种安全隐患。小 A 提出了自己的疑问，施经理对小 A 的仔细观察大加赞扬，并且要求小 A 对市场部办公环境的改进提出解决方案，运用办公环境礼仪规范重新布置办公区域。

◆ 任务描述

运用办公环境礼仪规范布置和管理办公区域，营造健康安全的办公环境。

◆ 任务分析

整洁、有序的办公环境对企业的形象和绩效都会产生一定的影响。办公环境的布置，是一种无声的语言，向来访者传递着信息，也体现着金融行业的风格和精神面貌。创造和保持一个和谐、美观、整洁、安全的办公环境，有助于办公室日常工作的完成，也有利于工作人员的健康。要做好办公环境管理工作，首先要了解健康安全的办公环境的基本要求，其次要能运用办公环境礼仪规范布置办公区域，最后要能及时维护工作环境，保持工作环境整洁。

◆ 任务实施

（一）了解办公环境的构成要素

办公环境主要包括硬环境和软环境两部分。硬环境包括办公室空间环境、视觉环境、听觉环境、空气环境、安全环境等外在客观条件；软环境主要包括办公室（会客室）的工作气氛、工作人员的个人素养等社会环境。

空间环境：指房间的分配、空间的设计、设备家具的布置等。

视觉环境：包括办公室内的色彩、光线、绿化、装饰。

听觉环境：指办公室所处空间的有益、无益的声音等。

空气环境：指办公室的温度、湿度、空气流通与净化等。

安全环境：指办公室的防火、防盗、防意外伤害等。

想一想：什么样的硬环境和软环境有利于提高办公室工作效率？

（二）运用办公环境礼仪合理布置部门办公区

协调、舒适是办公环境礼仪的一项基本规范要求。这里所讲的协调是指办公室的布置和办公人员之间配合得当；舒适，指办公人员在布置合理的办公场所工作时，没有不适感。在布置办公区域时，通常要注意以下几点。

1. 按工作流程和职位安排座位，讲究合理有序，互不干扰，各座位间通道要适宜。

2. 办公桌椅柜架的排列应采用直线对称。

3. 使用统一规格的档案柜，高度统一，增进美观。

4. 将复印机、传真机等大件办公设备安置在统一区域内，便于电源接线、管理和保养，常用设备应放在使用者近处。

5. 电话最好5平方米空间范围一部，以免接电话离座位太远，分散精力，影响效率。

6. 封闭式办公空间内，同室人员朝同一方向办公，领导应位于后方，以便监督。

（三）掌握健康安全办公环境的基本要求

请仔细阅读以下办公环境管理制度。

翰林文化发展有限公司办公环境管理制度

第一条　为规范公司办公管理，营造一个文明有序、健康安全的工作环境，特制定本制度。

第二条　本制度实施范围为公司各部门、会议室、办公室、厕所、走廊等所有场所。

第三条　办公室环境卫生标准。办公室卫生要做到"五净一整齐"，即地面净、墙面净、桌面净、家具净、室内电器设备净，物品摆放整齐。

（1）办公桌面整洁，物品摆放有序，不可摆放过多物品。

（2）档案柜内书籍按照高、中、矮次序整齐摆放；存档资料须将文件放置文件盒内并在文件盒立脊处按统一方式标示文件名后摆放柜内；柜顶不可摆放任何物品。

（3）办公室地面干净整洁、无纸屑、水渍和杂物，个人周边有纸屑、杂物要及时清理。

（4）个人使用的电脑主机、显示屏及键盘、鼠标应经常擦拭、保持清洁。

（5）要注意保持公共区域清洁，不乱扔垃圾。

第四条　办公环境安全标准。

（1）光线充足，温度适宜，空气流通、质量好。

（2）办公室空间及座位空间适当，办公家具、办公设备、办公用品符合办公所需并符合健康、安全的要求。

（3）经常进行电脑杀毒、文件备份工作，重要文件应加密。如电脑有异常，应向行政部申报，由网络负责人进行维护，不得擅自进行电脑拆装。

（4）办公设备安装、操作符合要求，应在显著位置张贴操作指南及注意事项。

（5）门、窗、隔断等符合安全要求，锁、扣完好，工作人员离开时要及时锁门关窗。

（6）设置必要的消防设施、设备及报警装置，设置急救包，并定期更换。

第五条　办公室人员行为规范。

（1）办公室人员上班着装要整洁大方，服饰得体、干净，佩戴公司标志牌；仪容仪表庄重，保持个人良好形象。

（2）坚守工作岗位、不串岗。

（3）保持办公场所的安静严肃与和谐，不得在办公场所大声喧哗、谈笑。

（4）养成良好的个人卫生习惯，自觉搞好个人及室内卫生，不乱扔纸屑、杂物，不随地吐痰。

（5）办公区域内不允许吸烟。在公共区域吸烟的人员，将烟头熄灭后离开。

（6）不因私事使用公司办公电话，不用公司电脑上网聊天或做其他与工作无关的事，不随意使用其他部门电脑，私客不经领导批准不允许使用公司电脑。

第六条　办公室环境现场管理。

（1）每天由行政部前台对办公环境进行巡查，及时发现问题并纠正。

（2）每周五16：00进行卫生大扫除，彻底清理个人桌面、地面、电脑等处的灰尘，清扫后由行政部与各部门负责人组成检查组进行检查，不合格处一处扣罚5元。

（3）每两周组织一次安全检查，日常工作中各部门发现安全隐患要及时上报，由行政部负责协调处理。

2017 年 5 月 8 日

练一练：根据以上《翰林文化发展有限公司办公环境管理制度》，整理出健康、安全的办公环境的基本要求。

（四）改善与优化办公环境

为了使办公区健康、和谐、美观、整洁，还需要对办公区环境进行不断地改善和优化，可以在光线、温湿度、隔音设备、色彩、绿化、装饰等方面下工夫，以优美的办公环境促进部门整体办公效率的提升（见图3－2）。

1. 光线。尽可能采用自然光线，光线宜从左上方或斜后方照射；避免光线过强或直照双目，避免电脑屏幕反射，可用窗帘或百叶窗调节；局部照明要达到要求，灯光不闪烁。

2. 温湿度。一般来说，适宜的温度在 22～26 ℃；适宜的湿度应保持在 40%～60% 之间。

3. 隔音设备。一般来说，超过 70 分贝即为噪声。有研究显示，有噪声和无噪声的环境下，工作效率相差 25%。可利用屏障、地毯、隔音罩设备减少室内噪声。

4. 色彩。不同性质和文化氛围的公司选择的色彩不同。一般来说墙壁、地面构成的主色调宜偏冷、偏浅，可用桌面、窗帘、屏风等物体的颜色进行协调。

5. 绿化。办公室绿化不仅能点缀、美化环境，而且可以调节周围的小气候。但不是所有的植物花卉都适合放在办公室，选择适当的绿植非常重要。

6. 装饰。装饰应与整个组织的性质或企业文化相适应，以庄重、简洁为好，避免奢华和俗气。

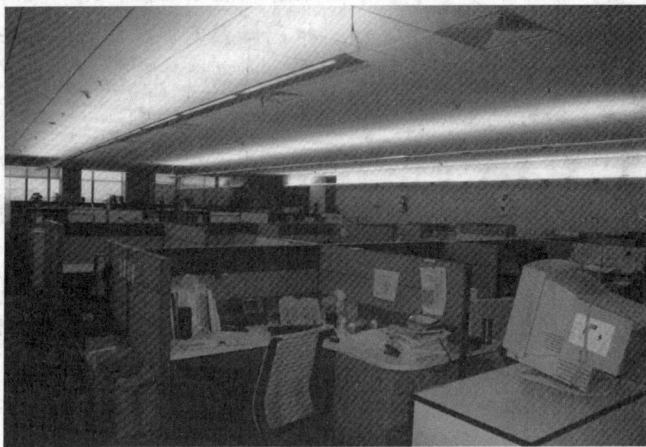

图 3-2　办公环境

想一想：哪些植物花卉适宜摆放在办公室，哪些不能摆放在办公室？

（五）维护办公区环境整洁

作为金融企业的员工不仅要管理好个人工作区的环境，还要注意日常公务活动区（公共设备区、休息区、会议室、接待室等场所）的环境维护。

1. 个人工作环境维护。保持个人工作环境整洁，特别是办公设备的干净有序。办公桌应该是可以随时提供协助、有效率、准时完成工作并令人愉快的场所，它的桌面形象一定程度上反映了员工的处事作风和个性，可以说是员工的"形象代言者"。因此，办公桌上物品不宜过多，摆放要整齐，常用物品方便取用，可以用一些整理盒、文件夹等工具分类存放物品。

2. 公共区域环境维护。保持公共区域环境整洁，及时整理文件柜、档案柜、书架、物品柜等公用资源。公共区域物品摆放规范，便于取用，用后归位。

练一练：请观察图 3-3，思考一下应该如何摆放办公用品，维护个人工作环境。

图 3 – 3 需整理的桌面物品

电话：＿＿＿＿＿＿＿＿＿＿＿＿＿＿＿＿＿＿＿＿＿＿＿＿＿＿＿

电脑：＿＿＿＿＿＿＿＿＿＿＿＿＿＿＿＿＿＿＿＿＿＿＿＿＿＿＿

文具：＿＿＿＿＿＿＿＿＿＿＿＿＿＿＿＿＿＿＿＿＿＿＿＿＿＿＿

文件：＿＿＿＿＿＿＿＿＿＿＿＿＿＿＿＿＿＿＿＿＿＿＿＿＿＿＿

参考书和资料：＿＿＿＿＿＿＿＿＿＿＿＿＿＿＿＿＿＿＿＿＿＿＿＿

◆ **反馈小结**（见图 3 -4）

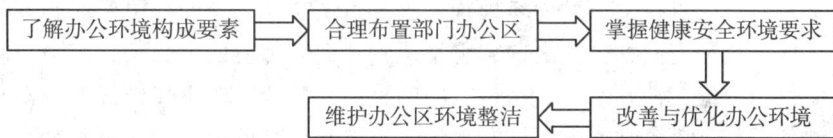

图 3 -4 办公环境礼仪

◆ **延展训练**

分组练习布置一个金融行业办公室。

目标：通过练习，让大家对金融行业办公室环境礼仪有一个深刻的认识。

任务：按照办公室布置原则，利用下面提供的办公用品布置一间办公室。

用品包括：办公桌椅 3 套，档案柜 3 个，文件筐 3 个，文件夹若干，绿植 2 盆，电话机 2 部，打印机 1 台，复印、传真、扫描一体机 1 台，饮水机 1 台，纸杯若干。

二、办公室个人礼仪

◆ **情境导入**

小 A 在市场部工作已经有两周了，她每天早来晚走，拼命做事，并在会议上大胆发表自己的观点，有时其他同事的事情她也抢着做，还向领导提出了不少改进工作的意见和建议。但结果并不理想，同事们对她的态度并不友善，对她准备了很久的会议发言置若罔闻，对她主动承担工作不仅不感谢，反而有些排斥。经理也发现了这个情况，找她谈话，让她好好思考一下如何改变这种现状，小 A 很委屈，她到底哪里做错了呢？

◆ **任务描述**

分析小 A 面临的问题，思考小 A 应该如何去改变自己在同事和领导眼中的印象，融入这个集体中。

◆ **任务分析**

办公室是金融从业人员处理日常工作的场所，在这里你会和同事们朝夕相处，掌握良好的个人礼仪非常重要。小 A 工作非常努力，她的行为表面上看起来并没有不妥之处，但作为一名新员工过于表现自己，甚至越俎代庖，就很容易引起别人的反感。如何做好自己本职工作的同时掌握办公室交往的礼仪也是非常重要的。

◆ **任务实施**

（一）注意自我形象，遵守规章制度

金融行业从业人员要注意自己的形象，因为个人形象往往代表着单位的形象。首先，要注意仪表端庄，仪容整洁，因为整洁得体的装束既反映了一个人严肃认真的工作态度，也是尊重他人的一种表现形式。因此，金融行业从业人员在进入公司大厅或办公室以前，应整理好自己的仪表，以免因上班途中一路风尘仆仆而造成衣冠不整。女士上班前还应注意适当的化妆，男士上班时也应进行适当的面容修饰，给人以精神饱满，面容可亲的良好印象。早晨上班在跨进工作单位，走向办公室之前，无论遇到什么人都应面带微笑，主动问候。进入办公室后应主动打扫卫生、冲开水等，保持室内的整洁，为全天的工作做好准备。同事之间的交流应始终谦恭有礼，尊重别人的态度和意见。不以职位高低论尊卑，不厚此薄彼、有亲有疏，对同事一视同仁。遵守公共道德和金融企业各项规章制度，不迟到，不早退，爱护公共设备，并且充分考虑其他人的需要。

想一想：金融行业从业人员着装有什么特点？

（二）谈吐优雅，举止文明

在办公时间里要注意保持办公室的安静，不要大声讲话，控制好讲话及打电话的音量，在通道和走廊不要一边走，一边大声讲话，语惊四邻。交谈时还应注意谈话内容，不要谈论与工作无关的话题，海阔天空，高谈阔论。也不要说些粗野、庸俗的话。此外，还应控制好自己的情绪，不要把喜、怒、哀、乐都写在脸上，让人感到你不够成熟，自控力不强。工作人员的行为举止应庄重、自然、大方、有风度，给人留下正直、积极自信的好印象。在办公室的坐姿、步态要文雅，举手投足应符合金融职业身份，不要弯腰驼背，萎靡不振，给人以懒散、工作责任心不强的坏印象。办公清闲时，不要串岗聊天，高声谈笑或围在一起打牌、下棋等，给人以管理混乱、企业不规范的不良印象。办公场所既是工作的地方，也是社交场所，应当保持文明整洁，不能随地吐痰、乱丢烟蒂、纸屑。不要将杂志、报纸、餐具、小包等放在桌面上，不要在办公室内部吸烟，尤其是有女士在场。喝茶时也不要发出声音，养成良好的卫生习惯，感冒打喷嚏应捂住口鼻。如因事离开座位，应轻轻起身，不要拖拉凳子，发出噪声，影响他人工作。下班时应整理好桌面材料，并将文件分类归档。

想一想：在办公室哪些举止是不符合个人礼仪规范的？

（三）学会与人相处的礼仪，处理好办公室人际关系

在办公过程中，与同事、上级、下级每天朝夕相处，享有共同的活动空间，有着共同的工作目标，各项工作的完成往往需要大家的合作与配合，因而相互间不可避免地会产生各种交互活动。如何协调各种关系，创造良好的工作氛围，使人心情舒畅，提高工作效率。这也是办公礼仪中的重要内容。

1. 与上司相处的礼仪。一是要服从上司安排，富有创造性地完成上级交给的工作任务。这既是工作顺利开展、提高工作质量的保证，也是作为下级基本的礼貌礼节。二是要维护上司的威信，顾全大局。尊重上司，与上司说话要注意场合和分寸。一般来说，与上级相处，在正规场合宜庄重，私下场合可随便些，但不管是什么场合，办事说话都要注意分寸，千万不要通过贬低上级来抬高自己。三是做好领导的参谋和助手。要在职权和工作范围内，积极地给上级领导提供信息、反映情况，出主意、想办法，以便上级了解实情、拓宽视野、掌握动态，使决策更加准确、实施更加有效、组织更加得法、指挥更加有力。四是定位准确，不越"位"。"越位"是下级在处理上级关系过程中常发生的一种错误。要真正做到出力而不"越位"，必须正确认识自己的角色地位，这是作为下级处理好上级关系的一项重要原则。

2. 与同事相处的礼仪。一是真诚、信任。真诚是同事间相互共事的基础，信任是连接同事间友谊的纽带。真诚、信任就要做到"言必信，行必果"，以诚相待，与人为善，以自己的"诚心"和"善意"去换取他人的"实意"和"友善"。二是宽容、自制。要有宽广的胸怀和气量，对于别人的缺点和短处应该持包容和宽谅的态度，不能用自己的标准去苛求别人，对自己要严格要求，学会自制。三是掌握分寸，分清职责。在工作过程中同事之间应当分清职责，掌握分寸，不争权力，不推责任。属于别人职权之内的事，决不干预，属于自己的责任，也决不推卸。努力做好自己的本职工作。当有好事时决不争抢，当别人需要帮忙时，应挺身而出，不要推辞。

3. 与下级相处的礼仪。一是态度和蔼，以礼待人。接待下级时要热情，对下级反映意见和问题时要仔细倾听，耐心解释，合理解决。二是率先垂范，公平公正。以优秀的人格魅力、良好的外在形象、脚踏实地的工作作风、诚信的职业道德为下级树立良好的榜样，处理问题时对事不对人，做到公平公正。三是少干涉，多关心。对下级既关心爱护，又严格管理和要求，关心下级的生活，不干涉下级的私事。

练一练：金融行业从业人员着装有什么特点？

◆ **反馈小结**（见图 3 - 5）

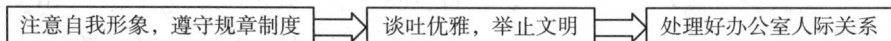

注意自我形象，遵守规章制度 ➡ 谈吐优雅，举止文明 ➡ 处理好办公室人际关系

图 3 - 5 个人礼仪

◆ **延展训练**

请列举办公室中不受欢迎和受欢迎的人具有哪些行为特点。结合办公室礼仪的要求分析为什么？并分析自己怎样修炼成一位办公室受欢迎的人。

模块二　金融行业会议礼仪

【模块导学】

会议是为了解决有关问题，将相关人员组织起来，聚集在一起进行讨论、交流的社会活动。金融行业成功的大型会议具有提升形象、促进建设、创造经济效益等作用。而日常成功的中小型会议则起到沟通信息、交流思想、促进工作的作用。金融从业人员只有掌握会议礼仪知识，养成良好的会议礼仪习惯，才能更好地组织会议、参与会议，塑造高雅、大方、得体的职业形象和企业组织形象。

【模块内容】

会议服务礼仪
参会人员礼仪

【学习目标】

知识目标：了解会议的分类及组织服务流程，掌握会议的礼仪规范，熟悉各类会务礼仪。

能力目标：能恰当运用会议礼仪组织和安排具体的会议事务，养成良好的会务礼仪习惯。

情感目标：能够与相关会议组织人员及参会人员进行良好的沟通；有踏实肯干的工作作风和主动、热情、耐心的服务意识。

一、会议服务礼仪

◆ 情境导入

周一上午9：00是市场部例行的工作会议，小A上周五下午已经向公司行政部预订了第二会议室，因为天气比较冷，小A周一上午8：30就到会议室打开空调，准备好热水，摆放好席卡，并将会议所需的文件发放到参会人的位置上，调好会议设备。8：50参会人员陆续到来，小A拿出签到簿让大家签到，并给已经入座的人员奉上茶水。9：00会议正式开始，小A拿出会议记录本进行会议记录，其间还要为参会人员添茶水并拍照。10：30会议结束，小A回收了会议资料，整理好会议室，开始写会议新闻稿……小A感觉这一上午真是不容易啊！

◆ 任务描述

根据情景描述，总结一下，会议服务人员要做好哪些工作？思考应该掌握哪些会议服务礼仪。

◆ **任务分析**

会议服务礼仪，是指会议服务人员在会议前、会议中、会议后进行会议服务的一系列职业礼仪规范，懂得会议礼仪对会议精神的执行有较大的促进作用，可以使会议更加高效有序。根据规模可以分为大型、中型、小型会议，大中型会议对会议服务礼仪要求较高，内容也比较复杂，小型会议相对比较简单。但不管是什么样的会议，服务人员都要熟悉会议服务礼仪，做好会议服务工作。

◆ **任务实施**

（一）做好会前准备工作

会前服务主要是做好会前组织工作。大中型会议会前准备阶段时间比较长，要进行的组织准备工作大体上有以下四项。

1. 拟定会议主题。会议的主题，即会议的指导思想。会议的形式、内容、任务、议程、期限、出席人员等，都只有在会议的主题确定下来之后，才可以据此一一加以确定。会议主题的拟定要听取上司的意见，重要的会议主题通常由领导集体讨论决定。

2. 拟发会议通知。它应包括以下六项：一是标题，二是主题与内容，三是会期，四是报到的时间与地点，五是会议的出席对象，六是会议要求——与会者材料的准备与生活用品的准备，以及差旅费报销和其他费用问题。可以发放正式会议通知，也可以选择电话通知到个人，或者利用办公系统进行通知等，不管如何，必须确认与会人员收到会议信息方可。

3. 起草会议文件。会议所用的各项文件材料，均应于会前准备完成。其中的主要材料，还应做到与会者人手一份。需要认真准备的会议文件材料，如开幕词、闭幕词和主题报告。

4. 布置会场（见图3-6）。根据会议规模，选择大小合适的会场；根据会议需要准备并调试好音响、照明、空调、摄像设备等；需用的文具、饮料，亦应预备齐全；要安排好座

图3-6 布置会场

次，摆上席卡。大中型会议主席台座次安排遵循中间高于两边、前排高于后排、右边高于左边的原则；日常办公会议的座位安排应考虑与会者就座的习惯，同时要突出主持人、发言人，一般离会场的入口处远、离会议主席位置近的座位为上座，反之，为下座。会议的主持人或会议主席的位置应置于远离入口处、正对门的位置。在会场入口醒目位置安放会议指示牌，及时做好会场卫生，整理打扫桌面、抽屉、座椅、地面、门窗等，检查服务箱用品、面巾纸、洗手液配备情况。

会议服务人员应提前 1 小时进入会场，检查会场整体效果，确保各项准备工作到位，并备好茶水，打开音响，播放轻音乐，同时打开安全门、照明灯及通道门，做好引导工作。如需使用空调，提前半小时开启。

（二）掌握会中服务礼仪

会中服务主要包括迎宾服务、会场服务、会议记录等。

1. 迎宾服务（见图 3-7）。会议服务人员在与会人员入场前，应站立在会议厅门口两侧，有礼貌地向宾客点头致意，并说"早上（上午、下午、晚上）好"或"欢迎光临"等文明用语。大中型会议一般专设签到处，日常办公会可以在会场内采用表式签到或电子签到等方式签到。

图 3-7　迎宾服务

2. 会场服务。服务人员引导参会人员入座，同时对已入座的客人，及时递上茶水、湿巾，茶水量一般控制在 7~8 分，上茶水时应遵循从左至右的原则，从宾客一侧依次加水，原则上每 20 分钟添加茶水一次。会议服务人员时刻注意观察和随听音响设备运行状况，注意会场情况及室内温度，发现问题及时报告和处理。

3. 会议记录。会议期间要做好会议记录，其具体方式有笔记、打印、录入、录音、录像等，可单用某一种，也可交叉使用。负责手写笔记会议记录时，对会议名称、出席人数、时间地点、发言内容、讨论事项、临时动议、表决选举等基本内容要力求做到完整、准确、清晰。会议记录在主席签上名后应写上会议日期。

如会中需要拍照等其他服务，应提前联络安排好相关工作。

练一练：分组模拟会中服务礼仪。

（三）完成会后后续事务

会议结束时，服务人员应及时打开通道门，站立两侧，礼貌送客，向客人微笑点头，并说"慢走、再见"。及时做好会场清理工作，关好电脑、投影仪、门窗、空调、灯光等设备，若发现参会人遗留物品迅速与有关单位联系。会议结束后，还应做好必要的后续性工作，以便使之有始有终。后续性工作大致为以下三项。

1. 形成文件。文件包括会议决议、会议纪要等。一般要求尽快形成，会议一结束就要下发或公布。

2. 处理材料。根据工作需要与有关保密制度的规定，在会议结束后应对与其有关的一切图文、声像材料进行细致的收集、整理。收集、整理会议的材料时，应遵守规定与惯例，应该汇总的材料，一定要认真汇总；应该存档的材料，要一律归档；应该回收的材料，一定要如数收回；应该销毁的材料，则一定要仔细销毁。

3. 协助返程。大型会议结束后，其主办单位一般应为外来的与会者提供一切返程的便利。若有必要，应主动为对方联络、提供交通工具，或是替对方订购、确认返程的机票、船票、车票。当团队与会者或与会的特殊人士离开本地时，还可安排专人为其送行，并帮助其托运行李。

想一想：哪些会议材料是会后必须回收的？如何保证及时回收会议材料？

◆ **反馈小结**（见图 3-8）

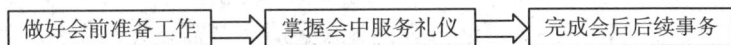

做好会前准备工作 ➡ 掌握会中服务礼仪 ➡ 完成会后后续事务

图 3-8　会议服务礼仪

◆ **延展训练**

中国建设银行南京分行与南京开开科技有限公司于 2018 年 5 月 21 日在开开科技有限公司第一会议室举行合作项目洽谈会，开开科技有限公司市场部承担这次洽谈会的接待工作。作为一名市场部文员，请为洽谈会布置会议室，并安排座次。

二、参会人员礼仪

◆ **情境导入**

周一上午 9：00，市场部工作例会开始，市场专员徐伟还没到场。9：30 市场部经理施林正在作数据报告时，徐伟推门进来了，徐伟的突然出现吸引了大家的注意，也打断了石经理的报告，入座后徐伟又大声地对周围同事说："实在抱歉，昨晚朋友聚会喝了点小酒，早上睡过了。"当全场又继续认真听经理报告时，会场上又想起了徐伟的手机铃声。施林经理非常恼火，会后要求小 A 整理一份会议礼仪规范要求，并在下一次部门例会上宣读。

◆ **任务描述**

了解会议参会人员应该具有的礼仪和行为规范，制订会议礼仪规范。

◆ **任务分析**

在会议中，参会人员常常扮演不同的角色，如会议主持人、发言人、一般参会者等，无论哪一种角色，都要掌握一定的参会礼仪。参会者养成良好的会议礼仪习惯，可以使会议更加顺利高效地举行。

◆ **任务实施**

（一）一般参会者礼仪

1. 会前礼仪。衣着整洁，自然大方，符合身份和场合。提前 10 分钟携带笔和笔记本进入会场，按序不拥挤，稳步不高声，招呼不喧嚣，稳重有礼。听从服务人员引导，按指定座位就座，无指定则先坐到前排，轻挪椅入座。若着大衣或其他厚重外套，请先脱去，置于桌肚内或挂于椅背；其他拎包等物品置于桌肚内或脚边。桌面只摆放笔和笔记本（或有茶杯），手机会前要静音（或关机）。服从会议主持人的指令，配合主持人的要求。

2. 会中礼仪。集中注意力听讲，不做与会议无关的事情，认真记录会议重点（见图 3-9），保持良好倾听状态，适时对发言人给以热烈掌声，掌声需整齐有力，充分表现对发言人的尊重。坐椅子 2/3 处，背部不与椅背接触，挺腰平视主席台，精神饱满。脸色平和，不漠然，不东张西望，不打哈欠，适时点头微笑以示尊重。遵守会中秩序，不要交头接耳，邻座确需沟通时需轻声不影响他人，会议中如需参会者发言（如答问题、表建议等），参会者需先举手示意，待同意后方可起身表述，表述时声音需响亮有力，且发言应简短，观点应明确，待回答完毕并得到就座许可，方可就座。迟到者需轻声进入会场，坐于会场后方，不影响他人听讲，并对主持人或发言人行欠身礼表示歉意。不得在会场内随意走动，如

图 3-9　会中礼仪

确有紧急事项而需中途离场，请轻挪椅，沿会场侧面退至门口，并行欠身礼表示歉意，出门后与会议组织者沟通方可离场。

3. 会后礼仪。会议结束，清理茶杯和纸屑等杂物，收拾起笔和笔记本，不遗忘相关物品，轻挪椅起身，并将椅子推入桌下，服从主持人的指令，靠门近的人员起身先行离开，轻声不喧哗，有序离开会场。

想一想：情境导入中徐伟的哪些做法是不符合参会人员礼仪的？

（二）会议主持人礼仪

各种会议的主持人，一般由具有一定职位的人来担任，其礼仪表现对会议能否圆满成功有着重要的影响。

1. 主持人应衣着整洁、精神饱满、大方庄重，切忌不修边幅、邋里邋遢。而且，一般也要提前入会。如果需要走上主席台，应步伐稳健有力、挺胸收腹、眼观前方，切忌东张西望，显得不自信，行走的速度根据座位到主席台的距离而定。在会议进行中，主持人对会场上的熟人不能打招呼，更不能寒暄闲谈，会议开始前，或会议休息时间可点头、微笑致意。会议开始，要首先介绍主要参会人员。

2. 入席后，如果是站立主持，应双腿并拢，腰背挺直。持稿时，右手持稿的底中部，左手五指并拢自然下垂。双手持稿时，应与胸齐高。坐姿主持时，应身体挺直，双臂前伸。两手轻按于桌沿，主持过程中，切忌出现搔头、揉眼、抖腿等不雅动作。

3. 主持人言谈应该口齿清楚、思维敏捷、简明扼要，可以说一些承上启下的话，但不要太长，以免显得喧宾夺主。如果需要，每个人发言结束，主持人可以进行简短总结。主持人应根据会议性质调节会议气氛，或庄重，或幽默，或沉稳，或活泼。主持人要时刻把握会议时间，必要时要提醒发言人注意时间与发言内容。

想一想：会议主持人如何控制会议进程？

（三）会议发言人礼仪

会议发言有正式发言和自由发言两种，前者一般是领导报告，后者一般是讨论发言。无论哪一种发言者，都应注重礼仪。

1. 仪表与体态。正式发言者应衣冠整齐，走上主席台应步态自然，刚劲有力，体现一种成竹在胸、自信自强的风度与气质。入席后，如果是站立发言，应双腿并拢，腰背挺直；坐姿发言时，应身体挺直，双臂前伸，两手轻按于桌沿；如果是书面发言，要时常抬头扫视一下会场，不能低头读稿，旁若无人。发言完毕，应该对听众的倾听表示谢意。自由发言则较随意，体态要自然，神情落落大方，服从主持人安排，不能争抢发言。如果有会议参加者对发言人提问，应礼貌作答，对不能回答的问题，应机智而礼貌地说明理由，对提问人的批评和意见应认真听取，与他人有分歧，应以理服人，态度平和。

2. 语言与内容。发言时应口齿清晰，讲究逻辑，简明扼要，观点明确。直接有力的开场白，清晰的观点陈述，重点强调等让参会人员在有限的时间中专心倾听你的发言，引起思索，留下深刻印象。语音语调同样不能忽视。女性一般声线较细，声频偏高，这样的声调显得纤细、敏感、不够持重，所以，在整个发言过程中，尽量采用低沉而有节奏的语调，这样的声音才有说服力。发言时加上身体语言的辅助，可以起到事半功倍的效果，如恰当的手势和眼神、偶尔的微笑，可以显示你的自信和坦然，让你的发言更让人信服。

练一练：准备一份3分钟的发言稿，在班级"学好礼仪，玩遍职场"座谈会上发言。

◆ **反馈小结**（见图3-10）

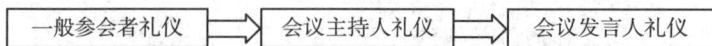

```
┌──────────────┐    ┌──────────────┐    ┌──────────────┐
│ 一般参会者礼仪 │ ⟹ │ 会议主持人礼仪 │ ⟹ │ 会议发言人礼仪 │
└──────────────┘    └──────────────┘    └──────────────┘
```

图3-10　参会人员礼仪

◆ **延展训练**

观摩一次新闻发布会的录像资料，观察会议的进程，总结参会人员的礼仪要点。

模块三　金融行业接待拜访礼仪

【模块导学】

掌握得体周到的接待拜访礼仪，是联络感情、增进友谊、交流工作、扩大信息来源的有效方法。接待和拜访是一项礼节性很强的社会交流活动，讲究对客户的接待拜访礼仪，能够给客户留下良好的印象，从而为后续的金融服务工作打下良好的基础。

【模块内容】

日常接待礼仪
重要客户或团体接待礼仪
拜访礼仪

【学习目标】

知识目标：了解接待、拜访的相关礼仪；掌握金融行业接待、拜访的注意事项和礼仪规范；掌握金融行业接待和拜访客户的流程和方法。

能力目标：能根据金融行业的要求得体地接待客户，成为一位有素养的来访者。

情感目标：能够与来访客户及拜访客户进行良好的沟通；有踏实肯干的工作作风和主动、热情、耐心的服务意识。

一、日常接待礼仪

◆ **情境导入**

从早晨到班上开始，小A就忙个不停，一会儿打印文件，一会儿接听电话，一会儿通知这通知那，好不容易坐下来清静一会，又有人敲门。小 A 心想，又是谁呀？但嘴里忙说："请进。"推门进来的是一个 40 几岁的中年女性，小 A 站起身，强打笑脸致意："您好，请问您有什么需要帮忙的？"来人说："我是安安保险的刘娟，和你们张副经理有约。"小 A 拿出预约登记簿，可看来看去都没有找到安安保险的名字，正要质疑，门口又进来一个人，小 A 认出是市金融办公室周副主任，和市场部经理施林是老同学，忙热情地迎上去，说道："周主任您好！您是找我们施经理的吧，他正在开会，10 分钟后就能结束，您先坐着喝点茶等他。"一边把周主任领到接待区坐下，一边手脚利落地沏好茶端给周主任。这时，站在旁边的客人生气了，大声说："你这个人懂不懂先来后到的道理？难道这就是你们的待客之道？我要向你们领导投诉你！"小 A 一时愣住了，脸唰地一下红到耳根，周主任也一脸的尴尬。

◆ **任务描述**

市场部经理施林事后了解了事情的经过，严肃地批评了小 A，并要求小 A 反思自己的错误，重新学习金融行业接待客户的制度和要求，写出学习心得，总结接待的工作程序。

◆ **任务分析**

接待工作是金融行业对外服务的一个文明窗口，来访人员往往直接通过这个窗口来推断该组织的工作作风、精神面貌、员工素质。因此，接待工作的好坏，不但直接体现了个人的素质、能力，更反映了组织的工作作风和外在形象。小 A 在接待陌生的客人和熟悉的客人时，态度明显不同，没有注意到先后顺序，让先来的客人觉得受冷落，影响了公司的形象。作为接待人员，要认真学习和领会日常接待的程序和要求，掌握接待工作的相关礼仪，根据具体情况以不同的技巧加以应对。

◆ **任务实施**

（一）做好接待准备工作

作为市场部的一员，每天都不可避免地要接待形形色色的客户，因此要做好充分的准备工作。首先心理上要有角色意识、服务意识，有诚恳的态度和合作精神；其次在业务知识和能力方面，要熟悉本职工作、了解本单位情况，掌握接待工作的制度和要求；最后要做好接待环境的布置和相关物品的准备。

接待环境包括前台、会客室、办公室、走廊、楼梯等处，应清洁、整齐、明亮、美观，没有异味。前台或会客室摆放花束、绿色植物，墙壁上可挂与环境协调的书画，营造出"欢迎您"的气氛。在预约客人到来之前将接待室的温度和湿度调节好，同时保证接待场所的桌椅干净无污损。可以准备一些介绍公司情况的材料及宣传画册等，茶具、茶叶、纯净水等要准备齐全。

想一想：哪些资料是不适宜放在接待场所的？

（二）亲切迎客

接待客人时，在听到敲门声后，要马上停下正在做的事情，主动招呼并细心询问。无论客人是否有预约，都要做到"3S"迎客，即"Stand up"（起身迎客）、"See"（注视客人）、"Smile"（微笑迎客）。

1. 致意与问候。致意是一种用非语言方式表示问候的礼节。致意要讲究先后顺序，通常应遵循：年轻者先向年长者致意，学生先向老师致意，男士先向女士致意，下级先向上级致意，主人先向客人致意。在日常接待中，致意的方式主要有微笑、点头、欠身、起立等，针对不同场合、不同对象可以单用一种，也可几种并用。如点头与微笑并用，起立与欠身并用。

（1）微笑致意。微笑致意时，目视对方，表情和蔼，嘴角略微向两侧翘起。

（2）点头致意。身体要保持正直，两脚跟相靠，双手下垂置于身体两侧或搭放于体前，目视对方，面带微笑，头向前下微低。注意不宜反复点头，也不必幅度过大。

（3）欠身致意。行欠身礼时，应以腰为轴，上体前倾15°即可。行礼时应面带微笑注视对方。如果是坐着，欠身时只需稍微起立，不必站立起来。

（4）起立致意。一般适用于正式的场合，尊者或长者到来或离去时，起立表示欢迎或欢送。对来访者，要待来访者落座后自己才能坐下；对离别者，要待他们离开后才可落座。

问候是用语言表达友好与敬意的礼节，如"您好""早上好"等，一般情况下，问候与致意一起使用，次序也与致意一样，内容也因对象、场合、时间、地点的不同而不同。

2. 分类接待。日常接待分为预约来访者的接待和非预约来访者的接待。对已预约的客人，进行核实后，要让客人填写来访登记表，同时迅速联系好被访人，对于初次来公司的客人，接待人员应主动带路，将客人引领到被访人接待客人的地方。对没有预约的临时来访者，接待人员要及时了解来访者的来意，看看被访问的部门或人员是否方便。如果来访者要求当时见面，就要设法联系有关部门或人员，确定是否可行，如果可以，就按照预约来访者的接待工作程序进行，如果被访问者不方便，则向来访者说明情况，请对方留下联系方式，保证将留言交给被访者，或尽快安排双方见面。

3. 学会挡驾。有些来访者是领导不愿见或暂时没有时间见的，对这些客人接待人员要学会巧妙地挡驾，找借口婉拒来访者，但在向对方表明原因时一定要注意言辞的礼貌、客气，不可生冷地一口回绝对方，给客人留下不好的印象。对一些急躁或言语激烈的客人，要心态平和，切不可言语相激。

想一想：在任务情境中，客人说自己是有预约的，而小A在预约登记表中没有查到，这时小A应该如何处理？

（三）热情待客

1. 引领客人。初次造访的客人，接待人员应主动带路，将客人引领至被访者办公室或接待室。接待人员应走在客人左前侧1~1.5米，边走边以手示意（见图3-11），并说："这边请""请这边走"，并请客人特别留意上下楼梯、转弯处。如要乘坐电梯，在上电梯之前，要告诉客人"是某某层"，如果电梯有专门工作人员开关，则请客人先入，如电梯无人，则接待人员先入，并按住开门键，等客人进入后再松开，出电梯时请客人先出。到达接待室时敲门确认无人后领客人进入，"内开门己先入，外开门客先入"。

2. 及时介绍。介绍是商务活动中常见的环节，可以分为自我介绍和为他人作介绍。自我介绍，是向初次见面的人介绍自己；为他人作介绍，就是介绍不相识的人或是把一个人引荐给其他人相识沟通的过程。善于为他人作介绍，可以使你在朋友中享有更高的威信和影响力。为他人作介绍，在不同场合由不同人承担，公关礼仪人员、单位领导、东道主或与被介绍双方都相识的人，都是商务活动、接待贵宾和其他社交场合中合适的介绍人（见图3-12）。

图3-11 引领客人

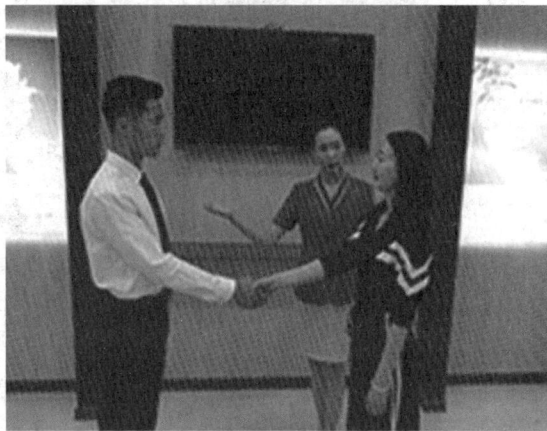

图3-12 介绍

在进行介绍时，要注意以下几个问题：

（1）正确掌握介绍顺序。介绍顺序可以反映出被介绍双方的身份和地位，介绍人在介绍之前必须了解被介绍双方各自的身份、地位以及对方有无相识的愿望，或衡量一下有无为双方介绍的必要，再择机行事。介绍的先后顺序应坚持受到特别尊重的一方有了解对方的优先权的原则，应把男士介绍给女士，把晚辈介绍给长辈，把客人介绍给主人，把未婚者介绍给已婚者，把职位低者介绍给职位高者，把本公司职务低的人介绍给职务高的客户，把个人介绍给团体，把晚到者介绍给早到者。在口头表达时，先称呼长辈、职位高者、主人、女士、已婚者、先到场者，再将被介绍者介绍出来，然后介绍先称呼的一方。这种介绍顺序的共同特点是"尊者居后"，以表示尊敬之意。

（2）注意介绍时的神态与手势。作为介绍人在为他人作介绍时，态度要热情友好，语言要清晰明快。在介绍一方时，应微笑着用自己的视线把另一方的注意力吸引过来。手的正确姿势应掌心向上，胳膊略向外伸，指向被介绍者，但介绍人不能用手拍被介绍人的肩、胳膊和背等部位，更不能用食指或拇指指向被介绍的任何一方。

（3）介绍语言要简明扼要。介绍人在作介绍时要先向双方打招呼，使双方有思想准备。介绍人的介绍语宜简明扼要，并应使用敬辞。在较为正式的场合，可以说："尊敬的威廉·匹克先生，请允许我向您介绍一下……"或说："王总，这就是我和你常提起的晏博士。"在介绍中要避免过分赞扬某个人，不要给人留下厚此薄彼的感觉。

（4）恰当完成介绍程序。当介绍人为双方介绍后，被介绍人应向对方点头致意，或握手为礼，并以"您好""很高兴认识您"等友善的语句问候对方，表现出结识对方的诚意。介绍人在介绍后，不要随即离开，应给双方交谈提示话题，可有选择地介绍双方的共同点，如相似的经历、共同的爱好和相关的职业等，待双方进入话题后，再去招呼其他客人。当两位客人正在交谈时，切勿立即给其介绍别的人。

3. 互递名片。名片是一个人身份的象征，当前已成为人们社交活动的重要工具（见图 3 – 13）。因此，名片的递送、接受、存放也要讲究社交礼仪。

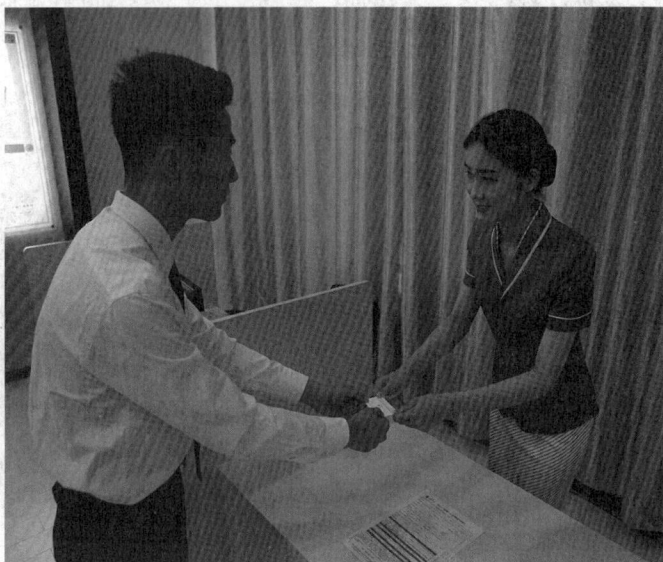

图 3 – 13　互递名片

（1）名片的递送。在社交场合，名片是自我介绍的简便方式。交换名片的顺序一般是："先客后主，先低后高"。当与多人交换名片时，应依照职位高低的顺序，或是由近及远，依次进行，切勿跳跃式地进行，以免对方误认为有厚此薄彼之感。递送时应将名片正面面向对方，双手奉上。眼睛应注视对方，面带微笑，并大方地说："这是我的名片，请多多关照。"名片的递送应在介绍之后，在尚未弄清对方身份时不应急于递送名片，更不要把名片视同传单随便散发。

（2）名片的接受。接受名片时应起身，面带微笑注视对方。接过名片时应说："谢谢"，随后有一个微笑阅读名片的过程，阅读时可将对方的姓名职衔念出声来，并抬头看看对方的脸，使对方产生一种受重视的满足感。然后，回敬一张本人的名片，如身上未带名片，应向对方表示歉意。在对方离去之前，或话题尚未结束，不必急于将对方的名片收藏起来。

（3）名片的存放。接过别人的名片切不可随意摆弄或扔在桌子上，也不要随便地塞在口袋里或丢在包里。应放在西服左胸的内衣袋或名片夹里，以示尊重。

4. 真诚握手。无论在日常的社会交往还是在商务场合中，握手都早已经成为一种习以为常的礼节（见图 3 – 14）。通常，与人初次见面，熟人久别重逢，恭贺、致谢、告辞或送行等均以握手表示自己的善意。因此，掌握正确、礼貌的握手礼仪可以促进人与人之间的感情关系。

（1）正确掌握握手顺序。握手顺序可以反映出握手双方的身份和地位。握手时首先应注意伸手的次序。在和女士握手时，男士要等女士先伸手之后再握，如女士不伸手，或无握手之意，男士则点头鞠躬致意即可，而不可主动去握住女士的手；在和长辈握手时，年轻者一般要等年长者先伸出手再握；在和上级握手时，下级要等上级先伸出手再趋前握手。另

图 3 – 14　握手

外，接待来访客人时，主人有向客人先伸手的义务，以示欢迎；送别客人时，主人也应主动握手表示欢迎再次光临。

（2）注意握手的方法。第一，握手时一定要用右手，这是约定俗成的礼貌。在一些东南亚国家，如印度、印尼等，人们不用左手与他人接触，因为他们认为左手是用来洗澡和上卫生间的。如果是双手握手，应等双方右手握住后，再将左手搭在对方的右手上，这也是经常用的握手礼节，以表示更加亲切，更加尊重对方。第二，被介绍之后，最好不要立即主动伸手。年轻者、职务低者被介绍给年长者、职务高者时，应根据年长者、职务高者的反应行事，即当年长者、职务高者用点头致意代替握手时，年轻者、职务低者也应随之点头致意。第三，握手时，年轻者对年长者、职务低者对职务高者都应稍稍欠身相握。有时为表示特别尊敬，可用双手迎握。男士与女士握手时，一般只宜轻轻握女士手指部位。男士握手时应脱帽，如果是戴着手套，握手前要先脱下手套。若实在来不及脱掉，应向对方说明原因并表示歉意。不过在隆重的晚会上，女士如果是穿着晚礼服并戴着通花的长手套则可不必脱下。第四，在握手的同时要注视对方，态度真挚亲切，微笑致意或问好，切不可东张西望，漫不经心。如果是一般关系、一般场合，双方握手时稍用力握一下即可放开，时间一般为 2～5 秒。如果关系亲密、场合隆重，双方的手握住后应上下微摇几下，以体现出热情。如果男士同女士握手，一般只轻握女方的手指部分，不宜握得太紧太久。第五，在任何情况下拒绝对方主动要求握手的举动都是无礼的，但手上有水或不干净时，应谢绝握手，同时必须解释并致歉。多人同时握手时应按顺序进行，切忌交叉握手。

5. 适时上茶。给客人送茶一般要在主宾双方寒暄和交换了名片之后送进去。茶杯一定清洁，茶水保持七分满。送茶先从客人开始，先给职务高的客人，从客人右方奉上，并将杯柄放在客人右手方向，不能在端茶过程中影响主宾双方的交谈。在给客人添茶的时候，要先把冷茶撤下来再把热茶端上去。

练一练：请分组演示引领客人、介绍、递名片、握手、上茶的过程。

91

(四) 礼貌送客

"出迎三步,身送七步"是迎送宾客最基本的礼仪。因此,每次见面结束,都要以将"再次见面"的心情来恭送对方回去。通常当客人起身告辞时,接待人员应马上站起来,主动为客人取下衣帽,帮他穿上,与客人握手告别,同时选择最合适的言辞送别,如"希望下次再来"等礼貌用语,尤其对初次来访的客人更应热情、周到、细致。当客人带有较多或较重的物品,送客时应帮客人代提重物。与客人在门口、电梯口或汽车旁告别时,要与客人握手,目送客人上车或离开,要以恭敬真诚的态度,笑容可掬地送客,不要急于返回,应鞠躬挥手致意,待客人移出视线后,才可结束告别仪式。

◆ **反馈小结** (见图 3 – 15)

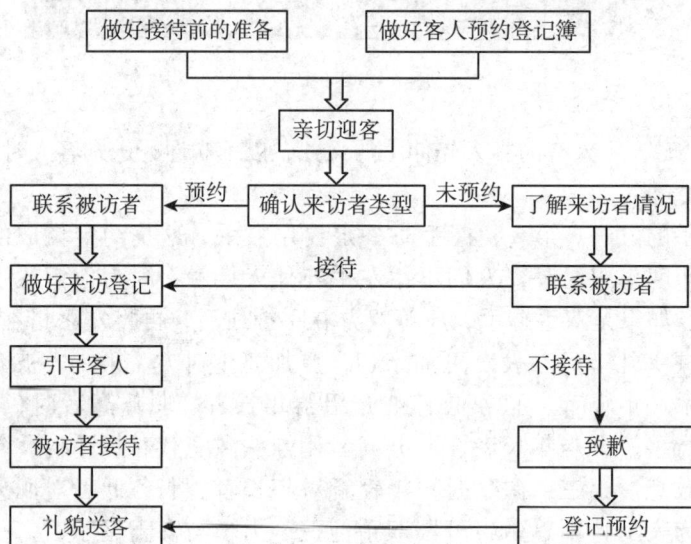

图 3 – 15 接待礼仪

◆ **延展训练**

请针对以下来访接待的工作情境,提出应对的方法。

(1) 一位未预约的保险公司推销员要见总经理,声称前一天口头预约过,但总经理从未提及,你该如何处理?

(2) 假如客人到来时,你正在接听一位重要客户的电话,此时你该如何处理?

(3) 来访者投诉你公司产品不合格,坚持要见总经理,并且情绪激动,大吵大闹,你该如何处理?

(4) 与销售部经理预约好的客人提前半小时到了公司,而此时销售部经理正在接待一位重要客人,此时你该如何处理?如果半小时过后,前一位客人还未离开,你该如何处理?

(5) 你正在接待一位客人时,行政部主任的太太来了,而行政部主任之前说过他有一个重要会议,不见任何人,此时你该如何处理?

二、重要客户或团体接待礼仪

◆ 情境导入

周一上午，小 A 接到总公司市场部秘书的电话，告知其公司市场部李经理带领市场部孙副经理和刘专员一行 3 人将于 5 月 16 日从北京乘飞机抵达南京，5 月 17 日离开，开展本年度市场拓展情况调研。小 A 立即向施林经理汇报，施经理交代她要做好接待安排，并将接待方案尽快送给他审批。

◆ 任务描述

作为市场部文员，小 A 的任务主要是根据来宾情况和公司对接待工作的要求制订接待方案，并做好接待的准备工作，最后协助上司完成接待任务。

◆ 任务分析

有重要宾客或团体组织来访时，为了确保接待工作的圆满成功，应当事先做好充分的准备，制订详细的接待方案，报给上司审批。并要熟练掌握接待工作的礼仪礼节，保证接待工作顺利进行。

◆ 任务实施

（一）搜集来宾资料

对重要客户和团体接待首先要了解来宾情况，以便制订相应的接待方案，了解得越多、越具体，准备工作就越具有针对性，接待成功的把握就越大。来宾情况主要包括：

1. 来宾的基本情况。包括来宾所代表的机构或组织、具体人数、来宾抵达的时间和地点、来宾离开的时间、来宾乘坐的交通工具、来宾的行程路线和日程安排。

2. 来宾的个人情况。包括来宾的姓名、性别、年龄、身份、职务、民族、宗教信仰、生活习俗等，有时还要对主宾有更多的了解，如个人爱好、性格、特长等。

3. 来宾来访的目的和意图。准确了解来访目的，作出的计划和准备工作才有针对性。

来宾情况一般可以通过向上司或有关人员了解，也可以通过对方的函件或直接与对方公司的秘书接洽了解。如想更全面了解，还可以上网搜索，或通过亲朋好友帮忙。

想一想：本次来宾的主要信息有哪些？

（二）拟订接待计划

要做好接待工作，就要合理安排好来宾来访期间的工作、生活和业余活动，根据来宾的来访目的和要求妥善安排迎送活动、会见、会谈、参观、交流、游览或娱乐、宴请等项目，还要安排好来宾的食宿和车票代购等工作，并拟订详细的接待计划。接待计划拟好后，要提交给领导审核，日程安排还要交给对方确认，征求意见后修改定稿。接待计划一般包括以下内容：

1. 确定接待规格。即确定本次接待由谁主陪、其他陪同人员、住宿、用车、餐饮的规格等。接待规格根据接待方主陪人员的职位高低，分为高规格接待、低规格接待、对等接待。其中高规格接待指主陪人员的职务高于主宾，低规格接待指主陪人员的职务低于主宾，对等接待指主宾双方职务对等。一般情况下都采用对等接待，这样主宾双方地位对等，利于交流洽谈。

想一想：什么情况下会使用高规格接待或低规格接待？

2. 安排接待日程。接待日程安排包括接待时间、地点、活动内容、参与人员。总公司市场部来访的主要目的是进行本年度市场拓展情况调研，时间是 2 天，日程安排要紧凑而有序，并合理编制日程安排表（见表 3 – 1）。

表 3 – 1　　　　　　　　　　　李经理一行接待日程表

日期	时间	活动内容	地点	参加人	备注

3. 安排食宿。为客户安排食宿时要重点考虑客户的食宿标准、饮食习惯、住宿要求和提出的其他需求，确定住宿地点、房间数、住宿标准、就餐地点、就餐标准等，并与客户及时协调沟通方能最后确定。不可擅自提高或降低接待标准，如果客人的要求是超标的，必须向上司汇报，由上司作出决定。

接待来访团体或重要客户，一般会在接风或送行时安排宴请，其余饮食可以在宾馆或公司按相应标准安排工作餐。住宿方面，为客人选择住宿地点要考虑几个方面：一是交通是否方便；二是档次是否合适；三是环境是否安静优雅；四是来宾的身份地位和特殊要求。一般应选择几个不同档次相对固定的宾馆，建立长期的合作关系。

食宿安排上可以提供几套方案供上司定夺。

4. 列支接待经费。接待经费主要包括住宿费、餐饮费、劳务费、交通费、工作经费、资料费、考察参观娱乐费、纪念品费、其他费用等。如果客户的住宿费、交通费等由客户一方支付，要提前将所需费用与日程安排表一起寄给对方。

5. 确定工作人员组成。重要的团体来访，文员一个人是无法承担所有准备工作的，在接待计划中，要确定各个环节的工作人员。为使大家对自己的工作心中有数，让所有有关人员都准确地知道自己在此次接待活动中的任务，可制定相应的表格，印发给有关人员。

（三）与客户方及本单位相关部门沟通

接待日程和相关事宜初步定好后，将接待计划发送给对方，请对方提出修改意见。对方如无修改则表示认可并给予答复。

将接待工作涉及的几个部门经理召集到一起，商讨接待的具体事宜，落实人员的安排和相关材料的准备。

（四）报请上司审批

将接待工作计划报请经理审批，经理认真审核同意后，方可实施。

（五）实施接待活动

1. 迎接来宾。迎接人员的安排有两种办法，一是主陪人在宾馆等候，派副职或办公室主任带人到机场或车站迎接；二是主陪人亲自到机场或车站迎接，表示对来访者的重视。如与来访者从未见过面，就需要事先制作一面牌子，上书来访者的单位名称，字迹要工整清晰，大小适宜，可以从远处看清，如有需要，可准备花束。

2. 会见、会谈。对于来访客户，特别是正式来访的团体，一般都要安排会见会谈活动，以进行双向交流和磋商。会见是礼节性的会晤，时间通常在半小时左右；会谈，又称谈判，内容比较正式，且专业性较强，多指双方就某些实质性问题交流情况、交换意见、达成协议。

会见、会谈前，要做好信息资料的收集工作，提供给上司或其他人员作为参考。

想一想：本次接待应准备哪些方面的资料？

会见、会谈时要安排好座次。会见时，座位安排通常为半圆形，宾客在右，主人在左；会谈时，宾主通常在长方形桌子两边相对而坐，宾客在离门较远的一方（见图 3 – 16）。

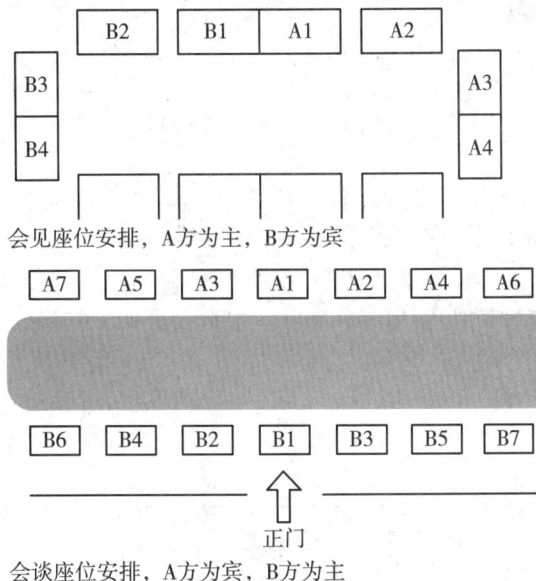

会见座位安排，A方为主，B方为宾

会谈座位安排，A方为宾，B方为主

图 3 – 16　会见、会谈座次

会见、会谈结束时，有时要安排合影留念，应事先安排好合影位次图。一般主人居正中，遵循以右为尊的原则，主客双方间隔排列，若人多要分成多行，则按前高后低排列，尽量不要让客人站在边上。

3. 安排参观。为使对方更全面地了解本公司的情况，一般会安排客人对本公司相关部门或项目、厂房、实验室等进行参观。安排参观活动要注意几点：一是参观目的要与来访目的相一致；二是选择有代表性的内容，能够满足来访者的基本要求；三是不会泄露核心秘密；四是做好参观路线安排，并事先与路线中涉及的各部门提前沟通，以保障在参观过程中接待工作的良好衔接。

4. 安排娱乐活动。团体来访超过 1 天或时间比较宽裕的一般会安排一些娱乐活动，如游览本地著名景区或一些文体活动。安排娱乐活动应了解客人的身体、年龄、特长和兴趣等，在制订计划前做好充分准备，选择合适、高雅的场所，熟悉游览地或将要去的场所，提前预订门票，安排好行程和程序以及交通工具、饮食等。

5. 宴请接待。正式宴请的时间以晚上居多，要根据主人、主宾身份确定宴请的档次，考虑来宾的饮食特点和禁忌，地点以中高档餐厅为佳，注意环境的优雅、安静，最好是包间。秘书要注意事先确定时间、地点、参与人员、交通工具、桌次、座次、菜单等，并报上司批准。在宴请时，接待人员应到门口迎接来宾，引导来宾进入宴会厅并入座（见图3-17）。

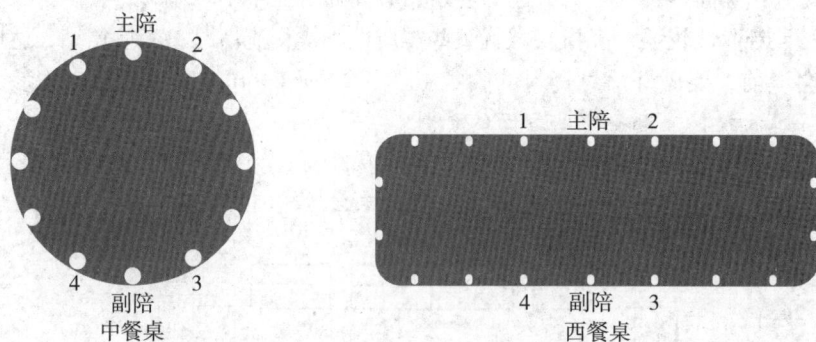

图 3-17 宴请座次

6. 送客。迎来送往是待客之道，在客人离别时，主方还应做好最后的送别工作。在客人离别前，主人一方全体陪同人员可到客人下榻的宾馆去话别，时间不宜过长，控制在半小时之内为好。若有礼品要送，此时送上最好，以便客人及时存放。此时还应告诉客人送行人员、车辆及时间方面的安排，让客人心中有数。主陪人员如工作忙，可请副职代替到机场或车站送行。

◆ 反馈小结（见图3-18）

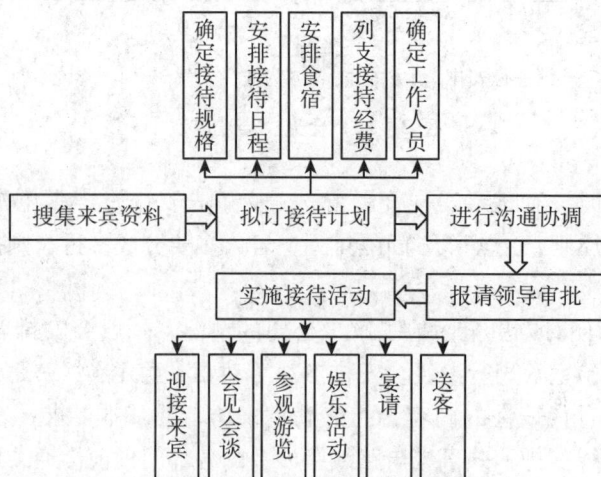

图 3-18 重要客户或团体接待礼仪

◆ **延展训练**

1. 珍妮任总经理秘书后第一次独立负责来访团体的接待，这一天她早早来到公司，希望能圆满完成任务，结果事与愿违，一天事故不断。上午去机场接机，因路上堵车迟到了半小时。陪同客人到达酒店后，又因匆忙进电梯，不小心将客人的手夹住了。中午公司设宴招待客人，珍妮按照李总平时饮食习惯点了很多猪肉类菜肴，当客人到达酒店时，她把客人安排在临门的地方，菜肴上来后，几位客人都没有动筷子，原来他们都是回民。晚上陪客人去听音乐会，手机接连响了两次，由于音乐会声音较大，所以珍妮很大声地对着手机讲话，周围的人都不满地看她。第二天一上班，李总就把她狠狠批评了一顿，要她写一份深刻的检讨。珍妮哪些地方做得不妥？应该怎么做？

2. 宏泰公司于总原定于 3 月 6 日接待山水公司齐总一行，商谈有关业务，可 3 月 4 日接到主管部门通知，3 月 6 日必须参加市里的一个重要会议，不得缺席，于总只得请张副总代替他出面接待齐总一行。

（1）张副总出面接待，此次接待应是什么接待规格？

（2）田秘书作为此次接待工作的具体筹划者，应做好哪些工作以应对变化了的情况？

三、拜访礼仪

◆ **情境导入**

周三早晨，小 A 提前来到市场部，做好各项准备工作，这才拿出一天的工作日志，查看经理施林的行程安排，当她看到经理下午 3 点要到宝林公司拜访营销总监李总时，开始着手拜访的准备工作。首先是致电宝林公司营销部小王，确认拜访的时间、地点，然后打电话到行政部，预订了下午出行的车辆，接着把拜访时经理需要用到的用品及文件准备好，这才坐下来在备忘录上拟写此次拜访的注意事项。

◆ **任务描述**

为经理拜访客户做好各项准备工作，陪同经理拜访客户。

◆ **任务分析**

拜访是指亲自到他人家里或工作单位去拜访某人。金融行业工作拜访可分为正式拜访和非正式拜访两种形式。正式拜访是指有正当的拜访原因，通过事先预约，确定时间和确定地点并按时赴约当面进行的拜访；非正式拜访一般指朋友之间的往来。本次拜访是有预约的正式拜访，应该提前做好拜访的准备工作，在拜访的过程中，还要注意应有的礼仪规范。

◆ **任务实施**

（一）做好拜访准备工作

1. 事先预约。工作中的不速之客往往是不受人欢迎的，除非是重要的客户或人物。所以要想从容不迫地访问客户或朋友，事先一定要通过电话或信件进行拜访的预约，说明拜访的目的，约定拜访的时间和地点。不得已必须突然拜访时，可在 5 分钟前打个电话。拜访应该选择比较恰当的时间，不要在客户刚上班、快下班、异常繁忙、正在开重要会议时去拜访，也不要在客户休息和用餐时间去拜访。

2. 做好准备。要明确拜访的目的并拟好提问的目录，以提高办事效率。要准备好足够的名片以及可能用到的文字资料或电子资料，检查各项携带物是否齐备（名片、笔和记录本、电话本、磁卡或现金、计算器、公司和产品介绍、合同），必要时应准备好适宜的礼品。要提前熟悉拜访所在地的交通路径，以免走弯路耽误时间。约定好拜访时间既不能迟到也不宜到得太早，所以要预算好出发的时间。

3. 注意着装。整洁的着装反映对访问对象的尊重态度。私宅拜访穿着要整洁得体，但不要太隆重，不要给人一种拘谨的错觉。如果拜访的地点在对方的办公区域则应着正装或所在单位的制服，因为你的拜访在很大意义上代表的是你单位的形象，所以着装正式可以传递出"你很重视这次拜访"的友好信息；而制服作为你所在单位的公关识别系统的重要组成部分，能让被访者感受到你所在企业良好的企业文化，进而对你的单位留下良好的印象，愿意与你合作。

想一想：拜访前如何进行电话预约？

（二）注意在前台的礼仪规范

1. 注意仪容仪态。如果预约的地点是在对方单位，一般都要先经过前台进行登记，提前进入公司的洗手间整理仪容仪表，把自己的仪容检视一下，外套要在进大门前就脱下叠好挂在手腕上，保证以良好的仪容仪态出现在前台。不可叼着香烟，也不可把手扶在柜台上或把包放在柜台上。

2. 自报家门。面带微笑，向前台人员说明自己的身份、拜访对象和目的，与前台人员交谈时要保持文明礼貌的态度，注意说话措辞要恰当。如有访客登记表，要用正楷的字体填写清楚，方便对方查看。

3. 从容等候。从容地等待接待人员将自己引导到会客室或受访者的办公室。在前台等候时，不要看无关的资料或在纸上涂画。前台接待人员奉茶时，要表示谢意。若被访的人找不到或有事，等候超过一刻钟，可向接待人员询问有关情况。如受访者实在脱不开身，则留下自己的名片和相关资料，请接待人员转交。

想一想：在检视自己的仪容时，应该重点关注哪些方面？

（三）进门拜访

1. 注意见面礼仪。进门拜访前，应先轻声敲门，听到"请进"后方可进入。见到拜访对象要主动问候、握手、交换名片，等待对方请你入座后方可坐下，并按主人指点的位置入座。随身携带的皮包及手提行李要放在自己的脚下或沙发的旁边，不宜放在沙发或桌上。样品及相关材料，视需要抽出来放在桌子上。对方上茶水时应欠身双手相接，并表示谢意。

2. 与受访者进行交谈。在进行拜访前，应先明确谈话主题、思路和内容，拜访时应围绕主题进行交谈，切勿跑题。与人交谈时，把握好适宜的空间距离，目光要注视对方，注意称呼、遣词用字、语速、语气、语调。要对对方的谈话有所呼应，但不要轻易打断对方的谈话，这是对对方的尊重。会谈过程中，如无急事，不打电话或接电话。

3. 适时告辞。拜访时间不宜过长，根据对方的反应和态度来确定告辞的时间和时机。说完告辞就应起身离开座位，不要久说久坐不走。感谢对方的接待，握手告辞。如办公室门原来是关闭的，出门后应轻轻把门关上。客户如要相送，应礼貌地请客户留步。

练一练：分组练习进门拜访的过程。

◆ 反馈小结（见图 3-19）

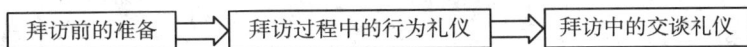

拜访前的准备 ⟹ 拜访过程中的行为礼仪 ⟹ 拜访中的交谈礼仪

图 3-19 拜访礼仪

◆ 延展训练

假定你是某商业银行的业务主管，现在准备去某公司拜访某人事经理，请设计一个情境，与小组成员一起进行角色扮演，将称呼、介绍、握手、名片等礼仪的内容包含进去。

【模块知识巩固】

选择题

(1) 确定接待规格（　　）。

    A. 不用讲求职位高低   B. 规格越高效果越好

    C. 陪同人员越多规格越高   D. 并不是规格越高越好

(2) 影响接待规格的因素有（　　）。

    A. 对方的要求   B. 对方与我方的关系

    C. 突然的变化   D. 上一次的接待标准

(3) 接待规格中（　　）是最常用的接待方式。

    A. 对等接待   B. 低规格接待   C. 正规接待   D. 非正规接待

(4) 接待规格的最终决定权在于（　　）。

    A. 秘书根据对方要求决定   B. 秘书自行决定

    C. 秘书的上司决定   D. 行政办公室决定

(5) 接待准备有环境准备、物质准备、（　　）。

    A. 室内准备   B. 安全准备   C. 心理准备   D. 室外准备

(6) 拜访前首先应做的准备工作是（　　）。

    A. 电话预约   B. 文件准备   C. 路线准备   D. 礼品准备

(7) 接待工作应遵守以下原则：诚恳热情、讲究礼仪、周到细致、按章办事、保守秘密和（　　）。

    A. 主动热烈   B. 俭省节约   C. 严肃认真   D. 讲究排场

(8) 接待工作三项主要任务是安排好来宾的工作事宜、生活、（　　）

    A. 参观访问   B. 业余活动和服务

    C. 研讨活动   D. 学习

(9) 接待未预约来访者时，如果无法安排当天的接待，不应该采取的方法是（　　）

A. 替上司婉言谢绝   B. 请客人留言

C. 帮助客人预约下一次来访时间   D. 向客人表示歉意

（10）准确地突出来访者的身份，是对（　　）的尊重。

A. 接待者   B. 主人   C. 来访者   D. 陪访者

【项目实训】

◆ 实训内容

以小组为单位模拟训练，模拟在客户接待区第一次与客户见面的场景。训练结束每位同学完成一份总结报告。

目标：正确而熟练地运用接待、拜访礼仪。

流程：等待客户—主动问候、提供帮助—回答咨询—引领—介绍—敬茶水—礼貌退出—致谢、送别。

◆ 上交作业

（1）小组人员分工表一份。

（2）总结报告一份。

◆ 实训要求

（1）分组进行，分工合作当堂完成任务。

（2）作业格式要统一规范，设计合理，表述清楚。

◆ 评分标准

（1）文字材料40%＋实训态度20%＋小组协作情况20%＋成果汇报总结20%（见表3–2）。

表3–2   评分标准与要求

项目	分值比例/%	评分要点
文字材料	40	格式正确，结构完整，内容表述清楚，条理清晰，排版规范
实训态度	20	工作主动，积极参与
小组协作情况	20	组内优化方案质量高，团队合作精神好，合作能力强
成果汇报总结	20	汇报条理清楚，PPT制作精良

（2）教师60%＋小组互评20%＋自评20%。

职场业务——金融行业服务礼仪

小 A 的话：这个月，我又轮岗到了新的部门，开始了新的工作体验。在接下来的日子里，我会接触不同的业务，和公司的客户进行更深入的交流，体验电话营销、接触营销、网络营销等不同的营销礼仪，同时还有机会接触外国客户，很期待接下来的工作哦！

本项目内容结构（见图 4-1）

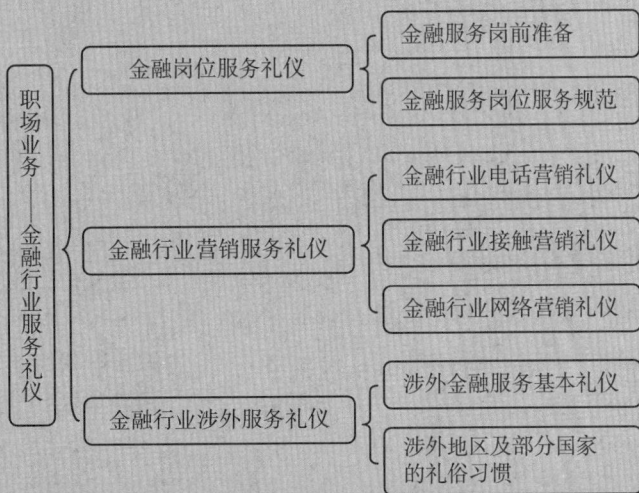

图 4-1　第四章内容结构

模块一　金融岗位服务礼仪

【模块导学】

在金融行业各项业务高度同质化的今天，优质的岗位服务礼仪就像金融机构的一张"笑脸"，是展示给顾客的"第一印象"。高品质的岗位服务礼仪，不仅可以有效地展现员工个人教养、风度和魅力，实现自身在社会中的价值，更能提升金融机构的服务形象。金融机构只有做到"以人为本"的最高服务境界，才能在竞争激烈的环境中提升竞争力和社会公信度，立于不败之地。

【模块内容】

金融服务岗前准备
金融服务岗位服务规范

【学习目标】

知识目标：了解岗位礼仪的作用、特点及基本内容，理解柜面服务仍是银行的主流服务，明确银行规范化服务的作用、主要内容及开展规范化服务的原则和注意事项。

能力目标：掌握金融营业服务工作中的具体利益规范要求，能够熟练掌握金融服务、顾客接待、纠纷处理等金融服务岗位开展各项业务活动的技能、技巧与开展服务工作的礼仪规范。

情感目标：能够认识到岗位服务礼仪的重要作用，提高个人业务综合服务水平和服务素养。

一、金融服务岗前准备

◆ 情境导入

2016 年 12 月一天的清晨 7 点多，购买国债的顾客早早地在银行门口排起长队等待，其中大部分顾客是老年人。担任大堂经理的小 A，看到很多老人在寒风中瑟瑟发抖，出于好心将银行大门提前打开，一时间顾客向大堂拥挤，原来排好的长队也被冲散，发生混乱，甚至在拥挤中顾客之间发生了口角。小 A 心中焦急，一边忙着维持秩序，一边还要劝解发生口角的顾客。

◆ 任务描述

主管让小 A 思考自己的行为哪里出了问题。

◆ **任务分析**

优质的服务品质，既取决于各个岗位文明得体的服务礼仪，也取决于健全的服务功能、快捷的服务效率，以及舒适的服务环境，包括先进高效的设施设备等。因此，要做好上述工作，岗前准备是必须重视的一个重要环节。作为一名金融行业工作人员，在正式开始每天的工作之前，应在心理上和行动上做好上岗前的准备工作。岗前准备工作看似简单，但要做好并不容易。小 A 虽然出于好心，但没有考虑周全，没有做好岗前准备，才导致了一系列的混乱。

◆ **任务实施**

（一）岗前仪容仪表检查

仪容仪表的检查是岗前准备的一项重要工作，它对于塑造及维护从业者及企业的专业形象是非常重要的。每天定时进行仪容仪表的自检及互检，可以起到约束、美化从业者形象的作用。表 4-1 是岗前准备的仪容仪表检查表，列示了男性员工和女性员工岗前仪容仪表检查的具体项目。

表 4-1   **岗前准备的仪容仪表检查**

部位	男性	女性
整体	自然、大方、得体，符合工作需要及安全规则；充满活力，整齐清洁	
头发	经常梳洗，保持整齐清洁、自然色泽，切勿标新立异	
发型	前发不过眉，侧发不过耳，后发不触后衣领，无烫发	发长不过肩，如留长发须束起或使用发髻
面容	脸、颈及耳朵绝对干净，每日剃刮胡须	脸、颈及耳朵绝对干净，上班要化淡妆，但不得浓妆艳抹，也不能在办公室内化妆
身体	注意个人卫生，保持身体、面部、手部清洁；勤洗澡，无异味；上班前不吃异味食物，保持口腔清洁；上班时不在工作场所内吸烟、饮酒，以免散发烟味或酒气	
饰物	领带平整、端正，长度一定要盖过皮带扣；领带夹夹在衬衣自上而下第四个扣子处	注意各部细节，丝巾是否围好，内衣不能外露等
	上班时间不佩戴夸张的首饰及饰物	
衣服	1. 工作时间内穿着本岗位规定制服，非因工作需要，外出时不得穿着制服；制服应干净、平整，无明显污迹、破损 2. 制服穿着按照公司内务管理规定执行，不可擅自改变制服的穿着形式，私自增减饰物，不敞开外衣，卷起裤脚、衣袖 3. 制服外不得显露个人物品，衣、裤口袋整理平整，勿显鼓起 4. 西装制服按规范扣好，衬衣领、袖整洁，扣好纽扣，衬衣袖口可长出西装外套袖口 0.5~1 厘米	
裤子	裤子要熨直，折痕清晰，长及鞋面	
手	保持指甲干净，不留长指甲及涂有色指甲油	
鞋	保持鞋底、鞋面、鞋侧清洁，鞋面要擦亮，以黑色为宜，无破损，勿钉金属掌，禁止穿露趾凉鞋上班	

续表

部位	男性	女性
袜子	男员工应穿黑色或深蓝色、不透明的短中筒袜	女员工穿着裙装须着肉色袜,无破洞,袜筒跟不可露在外,禁止穿着带花边、通花的袜子
工牌	工作时间须按规范统一佩戴工牌,一般佩戴在左胸显眼处,挂绳式正面向前挂在胸前;保持工作牌清洁、端正	

(二)岗前营业环境检查

在岗前准备中,有大量的时间和精力集中用于营业厅环境整理及工作人员场地整理。只有使营业场地、营业厅环境的卫生状况、设备设施的使用情况都保持在一个最佳的状态,工作起来才能得心应手,收到事半功倍的效果。

1. 营业场所卫生准备。

(1)营业厅门前环境应保持整洁、有序,严禁乱张贴、乱悬挂、乱堆放。营业建筑、各类标志、附属设施应经常擦拭、清扫。

(2)设置了无障碍通道的营业厅,应检查引导标志的设置位置及完好程度,并保持标志整洁、通道通畅。

(3)检查门口醒目位置设置的地面防滑标志的完好程度,雨雪天气应在门口放置防滑垫。

2. 营业场所布置。营业场所环境须整洁、明亮、美观,地面保持清洁、光亮。根据场地大小设立客户休息处,配置沙发茶几若干并保持清洁、无污垢,严禁与业务无关的物品任意堆放,有条件的应设置"一米线"。

营业场所正面醒目处悬挂金融业务许可证、工商营业执照、日历和时钟,时间应保持准确。其他服务设施,如业务种类指示牌、利率牌、服务公约牌、公告牌、客户书写台、意见簿、暂停服务提示牌、服务监督电话号码、便民措施提示牌、宣传资料架等应设置齐全并摆放有序。

3. 柜面布置。柜面按照员工窗口座位放置统一规格的工号牌、密码机、书写笔等,有条件的可放置若干盆花卉。

4. 工作台面准备。工作台面上只允许放置的用具有:计算机、计算器、印章、印泥、海绵缸、笔筒、现金分格箱、防伪鉴别器等。不要在工作台上放置书报、毛巾等,椅背上也不能搁置衣服、领带等物。个人物品应统一放置在洗手间或柜子内。

5. 工作准备。上班必须提前 15 分钟到岗,按规定做好上岗各项准备工作。包括打扫卫生,开启监控设备、更换录像带,开启电子屏,整理并添置宣传资料及各类凭条,摆好当日临柜人员工号牌等。员工接库箱后,必须立即进入营业场内各自工作岗位,打开终端,有序摆好桌面营业用品,更换、调好业务章日戳等。

(三)岗前心态调整

对于金融从业者而言,心态调整是否正确、到位,将影响到服务工作的态度与服务工作的质量。"心态决定一切",金融从业者在岗前调整好服务心态,做好各项岗前准备工作,既是良好服务的开端,也是优质服务的保证。

1. 角色认知。在金融服务工作中,金融从业者要认识到,自穿上制服的那一刻起,自己的身份已经不再是上岗前的那个自己了。岗位上的自己就只扮演"金融从业者"这一个角色。面对男女、老少,无论业务金额的大小,都是宝贵的客户。该角色所要做的就是满足客户的正当需求,提供优质服务。

因此,心态调整的第一步就是清楚地认识自己、认识服务、认识客户。归根结底一句话,就是要求金融从业者树立正确的客服意识。这是调整心态的基础,也是一切正确服务心态的基础。

2. 心怀感恩。心怀感恩,感恩社会,善待他人,必将种下一片希望,收获一片关怀。

如何能做到心怀感恩地对待客户、同事与企业呢? 这是一个良好服务心态的修炼过程。没有客户的光顾,再好的金融机构也是摆设,再好的服务技能也是空谈,再好的服务承诺也是白说;没有同事的配合,再强的个人能力也得不到淋漓尽致的发挥,再好的服务流程也难免出现漏洞;没有企业的支持及给予,再好的表演也失去了舞台,再好的业务也失去了支撑。

以感恩的心去对待周边的人和事,对待客户、同事与企业,一切以积极的态度、行动去付出,收获的也将是积极的回报。

3. 积极主动。坦然接受生命中不可能改变的,心怀感激地对待它;积极主动地奋发图强,为自己及企业主动付出,这是一种责任,一种对自我、对企业的责任。有责任心的员工,是能创造优质服务的员工。

4. "四心"待人。与人为善,礼貌待人,是岗位服务礼仪的起码要求。举止源于内心,强调岗位服务礼仪要体现"四心":诚心、热心、细心和耐心。

(1) 诚心。要诚恳待人,想客户之所想,急客户之所急,虚心听取意见,不断改进工作。办理业务出现问题时,应该主动向客户致歉;在迎送客户、向客户致歉以及听取客户意见时,都应该起立,以体现诚恳和尊重的态度;在递出单证或现金时,应双手有礼貌地递到客户手里,不扔不摔,成捆的现金不便直接递客户手中时,也应有礼貌地向客户示意。

(2) 热心。需要发扬"一团火"精神,主动热情地为客户服务。金融企业开办的各种业务种类繁多,特点各异,应根据客户的具体情况,主动热情地进行介绍,当好客户的参谋。热心,还体现在对待客户一视同仁,做到生人、熟人一样亲切,存款、取款一样热情,金额大小一样欢迎。

(3) 细心。要在细微处见精神,处处体现周到、细致、关心、方便。另外,柜面服务人员在细心办理业务时,还应该有足够的警惕性,及时识别假币、假票据等,防止金融诈骗活动的发生,保证银行资产的安全,避免客户的资金损失。

(4) 耐心。金融业务种类和服务项目繁多,服务对象广泛,服务时也会遇到很多复杂情况,对有不同要求的客户,应诚恳热情、耐心细致地满足其合理要求。在执行的过程中应该注意向客户做好宣传解释,即使发生纠纷时,也要以克制忍让、冷静耐心的态度来对待,做到"得理也让人"。

◆ **反馈小结**（见图 4 - 2）

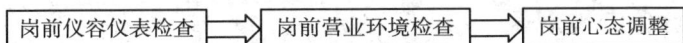

```
┌──────────────┐    ┌──────────────┐    ┌──────────────┐
│ 岗前仪容仪表检查 │ ⟹ │ 岗前营业环境检查 │ ⟹ │ 岗前心态调整   │
└──────────────┘    └──────────────┘    └──────────────┘
```

图 4 - 2　岗前准备

◆ **延展训练**

作为银行的一名工作人员在正式走上工作岗位之前，应掌握相应的服务技能和服务礼仪，在心理上和行动上要做好上岗前的准备。而环境和工作规范是展示银行形象的重要方面，工作人员到岗开始营业前应做好银行临柜服务的各项准备工作。

（1）按规定做好上岗的各项环境的准备工作。包括打扫卫生，整理并添置宣传资料及各类凭条，更换、摆好当日临柜人员工号牌，有序摆好桌面营业用品等。

（2）调整好心态，从面部表情、迎候语言、动作举止等方面加以体现。对待客户应精神抖擞，面带微笑，让客户有贴心的感觉。

（3）4 人一组，在柜台练习，相互观摩，相互分析和讨论。

二、金融服务岗位服务规范

◆ **情境导入**

这一天，来了一位张姓的客户，他对银行服务要求很高，甚至是有些挑剔。来之前，他先后在数家商业银行办理过业务，但均不满意，后来听朋友介绍说小 A 所在的银行服务不错，就过来看看。

这一次的业务很简单，是异地汇款。小 A 主动介绍银行的快速汇款业务，为张先生既节省了手续费，又缩短了到账时间，熟练的业务技能加上热情周到的服务态度，使张先生非常满意。后来得知，当天张先生刚刚在其他商业银行有过不愉快的经历，他接受了小 A 的服务顿觉如沐春风，这是他在其他银行从未感受过的。第二天，张先生就来小 A 所在的银行开户了，顺便也把在其他银行的存款转进来了。

◆ **任务描述**

主管让其他同事学习小 A 在接待客户过程中的优点。

◆ **任务分析**

金融行业的每位工作人员，都有责任从自己做起，从一点一滴做起，提高自身的服务艺术和服务水平，为把自己所在的企业建设成一家发展高速度、经营高质量、效益高增长、队伍高素质、形象高品位的现代金融企业而不懈努力。

◆ **任务实施**

金融服务岗位众多，各岗位有其不同的工作职责。以银行为例，具体包括办理银行储蓄业务、信托业务、银行卡业务、存单业务、大堂经理业务等。各岗位的工作人员在本职岗位上各司其职，及时为客户提供优质的服务，才能得到客户的认可。

（一）储蓄业务办理规范

客户如有疑问，应本着"一切为客户"的理念，耐心详细地向客户解释清楚，但要坚持银行的基本原则。客户的要求也许很没有必要，但又不违反制度，这时就应顺着他的意愿去办，切不可不屑一顾。钱款要与客户当面点清，对大小客户应该一视同仁，对所有客户热情周到。

小 A：（起立，欠身，微笑，目光注视对方眼睛）您好，请问您办理什么业务？

客户：我要取钱。（递上存单）

小 A：好的。（看存单）您这张存单还有 1 个月就要到期了，提前支取的话，利息是按活期计算的，要损失好多钱呢！

客户：我家现在有急用，还是取出来吧！

小 A：如果您有急用，我可以向您推荐小额质押贷款业务。您这张存单是 10000 元，可以贷到 9 000 元钱，只要付 1 个月的贷款利息，比您现在取出来合适多了，您看怎么样？

客户：算了，我还是取出来好。

小 A：那好，请问您身份证带了吗？

客户：哎呀，我没带。取自己的钱，还要身份证吗？

小 A：真对不起，因为您是提前支取，按规定需要本人身份证。

客户：帮帮忙，我是从好远的地方跑过来的，给我取一下吧。

小 A：真抱歉，提前支取一定要有身份证的，希望能得到您的理解和合作。

客户：请相信我，这真是我的存单。

小 A：对不起，这样做不是不信任您，而是为了维护您的利益。您想，万一有人拿您的存单前来冒领，支取时又不需要本人身份证，这不是给您造成损失了吗？

客户：这倒是，那就按规定办吧。

小 A：真不好意思，让您白跑一趟了。再见！

（过一会儿）

小 A：您好！

客户（同一人）：小姐，我要取钱。

小 A：好的。请问您身份证带了吗？

客户：带了。

小 A：（双手接下身份证）请稍等。（坐下，验证）请收好。（双手送还身份证，办业务）请您输入密码。您的密码输入有误，请您重输一遍，最后按一下"确认"键。

客户：哎呀，我按错了键。

小 A：没关系，请按一下"删除"键，重新再来一次。可以了，利息是 72 元 6 角，本息一共是 10 072 元 6 角，这是利息清单，请您核对一下。

客户：（清点）没问题，谢谢！

小 A：不客气，请您对我的服务进行评价！

（二）委托业务办理规范

委托业务因涉及内容较多，要让客户清楚业务办理程序。应向客户简明、扼要地介绍办理过程中的所有要素，对一些关键要素必要时可重复征询、核实，以求办理时客户能清楚其权利和义务，减少因交代不清而造成误解，以致日后发生不快的可能。

要耐心回答客户提问，理解专业人员为客户解答是义务，也是一种荣耀。对容易疏漏的问题，应主动提醒，如"账户要保持一定的金额，以便扣款成功"等。

小 A：（见客户走近，欠身起立）您好！请问办理什么业务？

客户：我想交电费，刚搬进新房子，不知道怎样办理。

小 A：好的。交电费可以办银行存折或银行卡，这样每月自动扣款，您不必每月都要跑银行，也可以用现金交费，不知您愿意用哪种方法？

客户：我还是用现金交费吧。

小 A：好的，请问您带电费通知单了吗？

客户：带了，给你，这是钱。

小 A：（双手接过）这里是 200 元。（办理业务后，将代收收付业务收据和找零交给客户）请拿好，这是收据，这是找您的钱，请您核对。

客户：没错，谢谢！

小 A：不客气，再见。

（三）办理银行卡业务规范

办理银行卡业务，应向客户简明、扼要地说清楚办理过程中需要客户准备的所有材料，不要让客户无谓地往返。对一些关键的要素必要时可重复询问、证实，以求办理时客户能清楚自己的权益和义务，减少今后发生不快的可能。对客户容易疏漏的问题，要主动提醒，从而体现服务礼仪中的关照。

小 A：（欠身起立）您好，请问办什么业务？

客户：我想办一张银行卡。

小 A：好的。请问您带身份证了吗？是办储蓄卡还是信用卡？

客户：带了。办张储蓄卡吧。

小 A：好的。请您先填一张办卡的申请表。（稍后，双手接过客户的申请表看一遍）办卡，需要存入一定的现金并付 10 元的开卡费。

客户：给，这是 310 元。（递上钱、存款凭条和申请表）

小 A：（双手接过）这里一共是 310 元，请稍等一下。（坐下办理业务后起立）请您在申请表和开户表上签上您的名字。（客户签好后）谢谢。还有请您在这张卡的背面也签上您的名字。

客户：是这样吗？

小 A：对的，这样就可以了。好了，您的手续办完了，您的初始密码是 6 个 8，这是您的身份证和手续费收据，请拿好。为了您的资金安全，请及时修改密码并注意保密。

客户：请问怎样修改密码？

小 A：您可以在我这里修改密码，也可以到自动取款机上，根据提示自己修改密码。

客户：好的，谢谢啊！

小A：不客气，再见。

（四）办理挂失业务规范

此类情况因客户往往比较着急，即使他们有过激的言行，也应本着体谅、理解的态度对待他们。因挂失对客户的利益有着直接的影响，应详细、清楚地把有关要素都交代明确。要注意加快语言和动作的节奏，使客户感到您在尽力为他分忧，切忌漠不关心，慢慢吞吞。

小A：（欠身起立）您好！

客户：（急促地）我的一份贵行定期存单不见了，这是我的账号。

小A：（双手接过账号纸单，目光急人所急）请别着急，我这就帮您办理挂失手续，请把您的身份证给我看一下。因为您的存单不是本所开的，我先给您办理口头挂失手续，请稍等一下。请问您存单上的地址是留哪里的？

客户：就是我身份证上的地址。

小A：（办完手续后，起立双手递上挂失单和身份证）请核对。

客户：（接过）是不是我办了这个挂失后，就不会被人冒领了？

小A：对，我现在帮您办理的是临时止付手续，正式挂失手续请您5天内到开户行办理，去的时候，请不要忘了带上您的身份证。如果您有事请人代办，请不要忘了带上代办人的身份证。

客户：好的。谢谢！

小A：不客气，再见。

客户：再见。

（五）大堂经理服务规范

大堂经理责任之一是善于观察，及时发现并帮助那些需要帮助但尚未提出或羞于开口的客户。老年人、小孩、孕妇都是需要帮助的，而对残疾人则要注意分寸，要在适当的地方以适当的方式关注，并在其确实需要时提供帮助，以维护其自尊心。

另外，还要维护营业场所内的秩序，做好保洁工作，疏导客户等，尤其是疏导客户。当柜台前人头攒动时，就应该根据经验和同事的工作情况，主动分流储户，并对他们表示歉意。如果发现客户在柜台有问不完的问题，咨询人员也有责任帮助同事解答他的问题，为柜台减轻压力。

大堂经理在营业场所内一定要微笑，切忌板着脸。因为大堂经理的冷若冰霜，有可能会使柜台内几位同事的微笑努力化为乌有。

小A：您好，欢迎光临，您请坐。

客户：谢谢！

小A：请问您有什么事需要帮忙吗？

客户：我来看看我的工资到没到。

小A：请问您的存折带了吗？

客户：带了。

小A：那我领您去办一下存折补登好吗？

客户：好的，谢谢！

小 A：（来到营业柜台）小王，请给这位大妈补登一下存折吧。

小王：好的，请稍等。（双手接过存折，电脑操作）请您输入密码。（客户输入密码）您的工资已经来了，一共是 2000 元，请看一下。

客户：对。谢谢，谢谢！

小王：不客气，欢迎下次再来，请走好。

◆ **反馈小结**（见图 4 – 3）

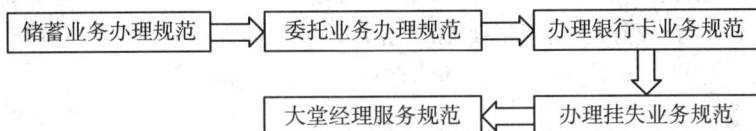

图 4 – 3　岗位服务规范

◆ **延展训练**

以小组为单位，4 人一组，分别扮演银行柜员、大堂经理、顾客等角色，模拟银行各项业务的办理程序和礼仪规范。

【模块知识巩固】

选择题

(1) 金融行业的岗位按与客户接触的程度来分主要有（　　）。

　　A. 临柜岗位　　　　　　　　　　B. 客户经理岗位

　　C. 内部管理岗位

(2) 岗位服务礼仪的特点是（　　）。

　　A. 职业性　　　　B. 完整性　　　　C. 规范化　　　　D. 个性化

(3) 岗位服务礼仪的作用是（　　）。

　　A. 满足客户需求，体现精神文明　　　B. 展示窗口形象，弘扬先进文化

　　C. 提升服务质量，促进产品营销　　　D. 规范员工行为，提升人生品位

(4) 金融服务岗位服务礼仪要体现"四心"，即（　　）。

　　A. 诚心　　　　　B. 热心　　　　　C. 细心　　　　　D. 耐心

(5) 在工作岗位上，人们彼此之间的称呼是有其特殊性的，其总的要求是要（　　）。

　　A. 庄重　　　　　B. 正式　　　　　C. 规范

【项目实训】

◆ **实训内容**

在老师的指导下以班级为单位，根据金融行业不同岗位的服务规范要求，分组分角色进

行不同的业务办理。

目标：掌握金融行业不同岗位的服务礼仪规范和服务流程。

◆ **上交作业**

实训心得一份。

◆ **实训要求**

（1）在模拟实训室，准备好办理各项银行业务的用品用具。

（2）小组成员选取一种银行业务，确定好模拟的角色，模拟业务办理的整个过程。

（3）自我检查与小组成员相互检查相结合，教师最后加以点评和提出修改意见。

◆ **评分标准**

（1）操作程序 40% + 实训态度 20% + 小组协作情况 20% + 服务效果 20%（见表 4 - 2）。

表 4 - 2　　　　　　　　　　　　　评分标准及要点

项目	分值比例/%	评分要点
操作程序	40	服务步骤正确，语言得当，礼仪规范
实训态度	20	工作主动，积极参与
小组协作情况	20	团队合作精神好，合作能力强
服务效果	20	服务周到，客户满意

（2）教师 60% + 小组互评 20% + 自评 20%。

模块二　金融行业营销服务礼仪

【模块导学】

销售礼仪可以帮助电话销售人员塑造完美的个人形象，给客户留下最好的初步印象，让电话销售人员在销售开始之初就赢得客户好感。销售礼仪贯穿于销售过程的每一个环节，它可以帮助电话销售人员从细节上赢得客户的好感，从而使销售人员在与客户打交道时更加顺利。我们知道，服务是最能够创造价值的销售利器，但是高水平的服务也离不开礼仪的有效运用。销售礼仪就是要把"无形的服务有形化"，使得有形规范的服务和销售过程进行完美结合。销售礼仪更能让电话销售人员在和客户打交道中赢得客户的好感、信任和尊重，在销售过程中，没有什么比获得客户的信任更重要的了。一个事实是，只有注意了礼仪和灵活运用礼仪才能体现个人的素质，并被客户认为是一个值得信赖的人。可见，销售礼仪在销售中就是完善自身的点金棒，是和客户交往的润滑剂，是成功交易的催化剂。

【模块内容】

金融行业电话营销礼仪
金融行业接触营销礼仪
金融行业网络营销礼仪

【学习目标】

知识目标：了解金融营销礼仪对金融营销工作的重要性，掌握金融行业工作人员电话营销、接触营销、网络营销的基本要求和礼仪规范。

能力目标：能够根据金融产品的不同特性进行有效的营销宣传，能够熟练运用各种营销礼仪。

情感目标：能够认识到金融营销服务礼仪对营销工作的重要性；塑造自身完美的个人形象，赢得客户的好感、尊重和信任。

一、金融行业电话营销礼仪

◆ 情境导入

小 A 在营销部工作时，特别注意与客户建立起良好的关系。在公司与某一个客户的合同快到期的前 1 个月，他给客户打了一个电话，称本公司有一个附加产品可以送给客户，那个客户当时还有些不太相信。小 A 在电话中承诺 3 天之内可以将附加产品给客户寄过去，并提醒客户注意查收。3 天之后，小 A 打电话给那个客户，确认附加产品是否已经收到，而那个客户刚好在进办公室的时候看见了小 A 寄来的附加产品说明。小 A 表示，如果客户有任何问题，可立即和他联系，这让那个客户非常感动。两个星期之后，那个客户的合同快要到期了，小 A 再一次给他打电话，并说："考虑到您的合同快到期了，我能不能给您送些资料过去，这样您参考时也方便一些？"结果，小 A 顺利地让那个客户继续购买了本公司的产品。

◆ 任务描述

主管让其他员工思考小 A 的做法有哪些可取之处。

◆ 任务分析

电话营销时，要掌握电话营销礼仪规范，包括电话预约的基本要领和电话营销的基本礼仪，要注意用我们的声调和语言表达我们的微笑、诚意和修养。电话营销说到底其实是一个人与人交往的过程管理，"电话营销就是持续不断的追踪"。与客户建立信任关系，引起客户的兴趣，适时赞美客户，了解客户信息，尽量坚持维护与潜在客户的不断联系，争取最后真正赢得客户。

◆ 任务实施

（一）拨打电话的礼仪

1. 了解时间限制。打电话应该以客为尊，让客户产生宾至如归的亲切感，那么就应该注意在恰当的时段内打电话。通常，早上10：00～11：30、下午2：00～4：00是所有公司的"黄金"时段，打电话的时段应该尽量选择在这些最有绩效的时段。

（1）通话时机（见图4-4）。最佳的通话时间主要有两个：一是双方预先约定的时间；二是对方方便的时间。通话应当尽量选择上述的最佳通话时间而避开不适当的时段。例如，某个公司最近发生了重大事情，这时候就不要打电话骚扰对方，否则对方心情会变得浮躁。

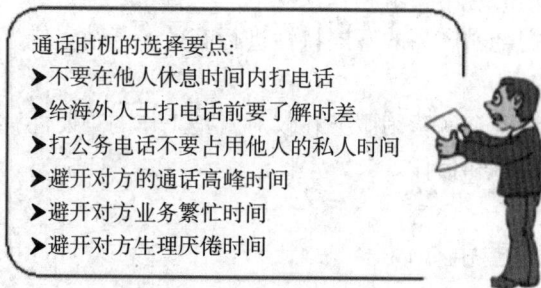

通话时机的选择要点：
➤不要在他人休息时间内打电话
➤给海外人士打电话前要了解时差
➤打公务电话不要占用他人的私人时间
➤避开对方的通话高峰时间
➤避开对方业务繁忙时间
➤避开对方生理厌倦时间

图4-4　通话时机

（2）通话长度。对通话长度控制的基本要求是：以短为佳，宁短勿长。正常情况下一次打电话的时间最好不要超过3分钟。这种做法，在国外叫做"打电话的3分钟原则"。这要求打电话的一方要有很强的时间观念，抓住主题，在尽可能短的时间内表达自己的意思。时间过长，造成电话占线，会影响正常的通信。打电话要讲究效率，既节约自己的时间，也不浪费他人的时间，只要通话目的达成，尽量即刻结束谈话，以免客户提出更多的异议。

2. 斟酌通话内容。为了节省通话时间并获得良好的沟通效果，打电话之前和之中都需要认真斟酌通话的内容，做到"事先准备、简明扼要、适可而止"。

（1）事先准备。在通话之前，就应该做好充分的准备，最好把对方的姓名、电话号码、通话要点等通话内容整理好并列出一张清单。这样做可以有效地避免"现说现想、缺少条理、丢三落四"等问题的发生，收到良好的通话效果。

（2）简明扼要。通话内容一定要简明扼要。通话时，最忌讳吞吞吐吐，含糊不清，东拉西扯。经过简短的寒暄之后，就应当直奔主题，力戒讲空话、说废话、无话找话和短话长说。

（3）适可而止。一旦要传达的信息已经说完，就应当果断地终止通话。按照电话礼节，应该由打电话的人终止通话。因此，不要话已讲完，依旧反复铺陈，再三絮叨。否则，会让人觉得做事拖拖拉拉，缺少素养。

3. 控制通话过程。通话过程自始至终都应做到待人以礼和文明大度，尊重自己的通话对象，尤其在通话中要注意语言文明、态度文明和举止文明，绝对不能用粗陋庸俗的语言攻击对方，损害公司的形象。

（1）语言文明。电话销售是语言的销售，礼仪用语在电话销售中相当重要（见表4-3）。

合理地使用这些语言，可以有效树立电话销售人员的良好形象，让客户对销售人员产生信任和好感。在通话之初，要向对方恭恭敬敬地问一声"您好"；问候对方后，应自报家门，否则对方连通电话的对象是谁都不清楚，交流就无法达到预期效果；终止通话时，必须先说一声"再见"。

表 4－3 客户沟通礼仪用语

时机	礼仪用语
初次打电话给客户	您好！我是 XX 公司的工作人员 XXX
对长久没有联系的客户	王先生，您好！我是 XX 公司的工作人员 XXX，好久没联系了，真是久违了
当客户主动打电话来时	您好，非常高兴接到您的电话，有什么能为您效劳的吗
向客户表示祝贺时	这真是一件让人愉快的事情，恭喜您
在某些稍显冒昧的场合给客户打电话时	王先生，您好，很抱歉打扰您
查询客户所需信息时	请您稍等
与客户告别时	再见，欢迎下次来电

（2）态度文明。文明的态度有益无害。当电话需要通过总机接转时，要对总机话务员问好和道谢，从而使他们感到受尊重；如果要找的人不在，需要接听电话的人代找或代为转告、留言时，态度更要礼貌；通话时电话忽然中断，应立即再拨，并说明通话中断是由于线路故障所致，不要等对方打来电话；如果拨错电话号码，应对接听者表示歉意。

（3）举止文明。通话过程中虽然不直接见面，但也应该注意举止文明（见表 4－4）。例如，打电话时不要把话筒夹在脖子下，也不要趴着、仰着、坐在桌角上，更不要把双腿高架在桌子上；不要以笔代手去拨号；通话时的嗓门不要过高，免得令对方"震耳欲聋"；话筒和嘴的最佳距离保持 3 厘米左右；挂电话时应轻放话筒；不要骂骂咧咧，更不要采用粗暴的举动拿电话机撒气。

表 4－4 电话销售人员礼仪行为

销售行为	礼仪内容
	保持正确的坐姿，双腿并拢，保持上身正直
长时间保持一定坐姿而身体较累	可用肘部稍扶，眼睛视线向下，以解除肌肉疲劳
电话铃声响起	要迅速接听，不可耽误客户的时间
接听过程中	保持姿势，不可有任何小动作，或者发出任何怪异的声音
敲打键盘或者做笔记	迅速而且简洁、确保客户所提出的问题得到清晰扼要的解答；敲击的声音不应过大。以免做记录时干扰与客户的实时联系或者带来听不清是等不必要的麻烦
如有其他重要电话打入	告知当前客户，让客户稍等，并且尽快结束另一方面的电话而回到当前客户的通话中，一定不能让客户等待太久
挂电话	向客户礼貌地道别、询问客户还有没有其他要求。然后，请客户先挂，动作要简洁迅速，挂的过程中不要让电话发出杂音或其他刺耳的声音

续表

销售行为	礼仪内容
如果客户出于某种原因不愿先挂电话	充分地尊重客户、确认后主动挂掉电话
通话结束	保持正确的坐姿，以便于接听下一个客户的电话，使得电话销售人员在接起电话时不会显得过于慌张和听上去毫无准备

4. 注重通话细节。

（1）确认通话对象。电话接通之后，确认通话对象是必不可少的步骤，避免由于通话对象不对而闹出笑话或尴尬。很多家庭成员之间的声音非常相似，如果在电话中冒冒失失的将其他人当作通话对象，对方会觉得打电话者缺少修养。

（2）征询通话者是否方便接听电话。电话接通后，不要忘记先征询通话的人现在是否方便接听电话，如果通话对象正在开会、接待外宾或者有急事正要出门，则应该晚一点儿再打过去。否则，对方在繁忙之中也很难心平气和地接电话。

（3）勿存调皮性，勿玩猜谜游戏。在商务电话接听过程中，千万不要心存调皮，尤其不要和对方玩猜谜性的游戏。很多通话对象一时无法想起打电话者的声音和名字，如果非要让他猜出你的名字来，对方一般会非常尴尬，甚至产生强烈的反感。

（4）不要忘记最后祝福和感谢。最后的祝福和感谢是电话即将结束时必须有的步骤，用轻柔的声音给予对方简单的祝福，能够给对方留下美好的印象。中国号称礼仪之邦，历来注重文明礼貌，因此在通话最后不要忘记祝福和感谢。

（二）接听电话的礼仪

1. 重要的第一声。当打电话给某单位，若一接通，就能听到对方亲切、优美的招呼声，心里一定会很愉快，使双方对话能顺利展开，对该单位有了较好的印象。在电话中只要稍微注意一下自己的行为就会给对方留下完全不同的印象。同样说："您好，这里是 XX 公司"。但声音清晰、悦耳、吐字清脆，给对方留下好的印象，对方对你所在单位也会有好印象。因此要记住，接电话时，应有"代表单位形象"的意识。

2. 要有喜悦的心情。打电话时要保持良好的心情，这样即使对方看不见你，但是从欢快的语调中也会被你感染，给对方留下极佳的印象。由于面部表情会影响声音的变化，所以即使在电话中，也要抱着"对方看着"的心态去应对。

3. 清晰明朗的声音。打电话过程中绝对不能吸烟、喝茶、吃零食，即使是懒散的姿势对方也能够"听"得出来。如果你打电话的时候，弯着腰躺在椅子上，对方听你的声音就是懒散的，无精打采的，若坐姿端正，所发出的声音也会亲切悦耳，充满活力。因此打电话时，即使看不见对方，也要当作对方就在眼前，尽可能注意自己的姿势。

4. 迅速准确接听。迅速拿起听筒，这样的态度是每个人都应该拥有的，这样的习惯是每个办公室工作人员都应该养成的。若电话响了许久，接起电话只是"喂"了一声，对方会十分不满，会给对方留下恶劣的印象。如果既不及时接电话，又不道歉，甚至极不耐烦，就是极不礼貌的行为。尽快接听电话会给对方留下好印象，让对方觉得自己被看重。

5. 认真清楚记录。左手接听电话便于随时记录有用信息，并牢记5W1H技巧：（1）When何时；（2）Who何人；（3）Where何地；（4）What何事；（5）Why为什么；（6）How如何进行。在工作中这些资料都是十分重要的，对打电话、接电话具有相同的重要性。电话记录既要简洁又要完备，有赖于 5W1H 技巧。

6. 了解来电的目的，确认对方。对方打来电话，一般会自己主动介绍。如果没有介绍或者你没有听清楚，就应该主动问："请问您是哪位？我能为您做什么？您找哪位？"但是，人们习惯的做法是，拿起电话听筒盘问一句："喂！哪位？"这在对方听来，陌生而疏远，缺少人情味。接到对方打来的电话，你拿起听筒应首先自我介绍："您好！我是某某某。"如果对方找的人在旁边，你应说："请稍等。"然后用手掩住话筒，轻声招呼你的同事接电话。如果对方找的人不在，你应该告诉对方，并且问："需要留言吗？我一定转告！"切忌只说"不在"就把电话挂了。接电话时也要尽可能问清事由，避免误事。上班时间打来的电话几乎都与工作有关，公司的每个电话都十分重要，不可敷衍了解对方来电的目的，如自己无法处理，也应认真记录下来，委婉地探求对方来电目的，就可不误事而且赢得对方的好感。

7. 挂电话前的礼貌。要结束电话交谈时，一般应当由打电话的一方提出，然后彼此客气地道别，说一声"再见"，再挂电话，不可只管自己讲完就挂断电话。

◆ **反馈小结**（见图 4 - 5）

```
┌──────────────┐      ┌──────────────┐
│ 拨打电话的礼仪 │ ──→  │ 接听电话的礼仪 │
└──────────────┘      └──────────────┘
```

图 4 - 5　电话营销礼仪

◆ **延展训练**

日常生活中，你是否也接到过各种金融营销电话，如保险公司、银行等向你做调查问卷或推销产品？接到电话时你的反应是怎样的？如果你是电话营销者，你会怎样进行电话营销？

二、金融行业接触营销礼仪

◆ **情境导入**

某天，担任大堂经理的小 A 在等待区热情地向等待办理业务的顾客发放银行最新的理财产品宣传单。周期短、风险低、收益高的这款理财产品引起了顾客李先生的兴趣。于是，小 A 满脸微笑，详细地向李先生介绍产品。小 A 的介绍很全面，从产品优势到特点，从低投入、低风险到高回报率，说得头头是道。开始时李先生还因为小 A 热情而熟练的介绍，对产品颇感兴趣，本想深入咨询，可小 A 总是喋喋不休，自顾自地介绍产品，对于李先生提出的问题也没有很好的回应，似乎有一股你不买他绝不罢休的劲头。在宣传本银行做的理财产品的同时，小 A 还贬低别的银行的理财产品，李先生不禁心存疑虑，也没了先前的好感，只好对小 A 说："不好意思，我再想一想，回去和家人商量一下。"小 A 对自己的白费口舌有几分失望，为什么自己这么热情的推销，顾客也明明很感兴趣，但最后没有成交呢？

◆ **任务描述**

主管让小 A 反思在销售过程中存在哪些问题。

◆ **任务分析**

接触营销，是金融行业人员在与客户的接触过程中，不断挖掘客户理财需求和其他金融需求，为其制定满足客户需求的理财策划方案，提供一系列专业的金融服务活动，主要包括上门营销和柜面营销两种方式。金融行业人员只有抓住每一次与客户接触沟通的机会，遵循礼仪规范，体现顾客至上的服务理念，积极主动营销，才能为企业带来源源不断的经济效益。

◆ **任务实施**

（一）积极准备

积极准备包括心态调整、仪容检查和物质准备三部分。

1. 心态调整。心态调整对于接触营销非常重要。简而言之，就是要有感恩之心、自信之心。对待客户要感恩，因为没有客户的关注，就没有体现自己能力、实现自我价值的机会；要树立自信心，就是要认识到：没有人可以拒绝"我"！因为"我"是他们最值得信赖的朋友，"我"是真的想去帮助他们，"我"的服务是世界第一流的；拒绝"我"，他们只是对"我"的产品还不够了解，他们只是在拒绝自己应该获得的好处，他们只是暂时还不需要这种服务。

2. 仪容检查。岗前准备时仪容仪表的检查是必不可少的（见表 4 - 5）。营销人员应保证自己出现在客户面前的形象永远都是专业的、严谨的、稳重的。

表 4 - 5　　　　　　　　　　自我形象十大检查

男性		女性	
头发	是否理得短而端正? 是否保持整洁?	头发	是否经常整理? 是否遮脸? 是否端正?
胡须	每天早上剃吗? 剃得干净吗?	化妆	是否过浓?
领带	颜色花纹是否过于刺眼? 上衣和裤子颜色是否搭配?	衬衣	领口袖口干净吗? 纽扣是否摔落? 是否和外衣协调?
西服	颜色和花纹是否过于刺眼? 上衣和裤子颜色是否搭配? 穿前是否熨烫?	服装	是否过于随便怪异?
衬衣	颜色和花纹是否过于刺眼? 和上衣、裤子颜色搭配吗? 穿前是否熨烫?	内衣	有无外露?

续表

男性		女性	
工作服	是否干净整洁？		
手和指甲	手是否干净？ 指甲是否剪短并清洁？	手和指甲	手是否干净？ 指甲油颜色是否过于艳丽？
裤子	穿前是否熨烫？ 膝盖部分是否突出？ 是否整洁干净？ 拉链、纽扣有无理好？	裙子	穿前是否熨烫？ 拉链有无异常？ 是否整洁干净？
袜子	有没有破损？ 和衣服的颜色搭配吗？	丝袜	颜色是否合适？ 有无破洞？ 是否有另备？
皮鞋	颜色是否合适？ 是否擦拭干净？ 鞋带是否松了？	皮鞋	是否擦拭干净？ 颜色合适吗？ 鞋跟是否过高？

3. 物质准备。要想做好营销，就要有完整的准备。

（1）准备展示夹。每个人都可根据自己的业务经验设定多种展示夹，展示夹可以存放：营销人员的工作证和照片、家庭照片、银行文化的介绍、员工队伍简介、产品说明和使用手册、收集的媒体资料、小礼品等。

（2）准备好名片。名片的存放、使用一定要符合礼仪规范。

（3）整理公文包。公文包应该整洁有序。营销人员要能清楚地记得合同书、印鉴及各种目录文件所放的位置，只有这样，营销人员才能在准备签单的那一刻，不用翻公文包就能立刻抽出合同书，对客户说："先生（小姐），请您在这份文件上签字。"

（二）时机的寻找与介入

寻找营销时机与直接介入，均不可随随便便。

1. 仔细观察。营销人员与客户接触的那一刻，应仔细观察客户以下几个方面的特征：客户年龄、交通工具、衣着、饰品、携带物品、言谈、行为举止等。虽说客户的表象特征只能作为营销参考，但它提供的信息往往还是很有意义的。当然，除了这些特征外，营销人员还需要结合其他客户信息以及后续的接触服务，才能准确地把握客户需求，切不可以貌取人，嫌贫爱富，带着"有色眼镜"服务。

2. 解答咨询。接触营销中，仔细观察客户后，第一次和客户进行接触、问候或者客户咨询是否顺利，对后面的营销工作影响会很大。金融行业从业者需要针对客户的不同需求，积极热情地解答客户的咨询，专注、及时、耐心、主动是这一阶段最为重要的礼仪要求。

（三）探寻客户的需求

营销人员在对客户营销中，往往通过提问、倾听、信息收集、需求确认等环节来探寻并准确把握客户需求。

1. 提问。营销人员在与客户沟通时，应有效地提出问题，激发客户的兴趣，通过客户的回答来分析客户的需求心理，了解客户对产品的认知程度，永远不要让客户有被推销的感觉。若营销人员的提问让客户感到他的光顾是在帮助营销人员，那将非常有利于营销工作的开展。

2. 倾听。营销过程中，认真倾听客户的意见，是对客户尊重的一种表达方式，也是营销人员探寻客户需求的一种有效手段。营销人员应该做到：用心倾听，耐心倾听，用你的眼睛倾听，有理解倾听，有礼仪倾听。

3. 信息收集。营销人员通过观察、提问，倾听这些接触营销的沟通手段，来收集客户的信息，以便确定客户的需求。这样一个信息搜集的过程，也是一个接触营销实施的过程。

4. 需求确认。对收集来的信息进行整理、分析，从而确认客户的需求，为下一步有效地进行产品推介做好准备。

（四）潜在客户的挖掘与产品推介

1. 挖掘潜在客户。潜在客户是针对现有客户而言的，且有可能成为现有客户。对营销人员而言，在充分提升现有客户满意度的同时，要通过各种方式寻找和营销新客户，将潜在客户发展为现有客户，以此来扩大客户群。

2. 产品推介。营销人员能否有效地向金融客户进行产品推介，将直接影响营销的最终结果。而产品推介过程，也是营销礼仪集中体现的一个环节。毫无疑问，营销人员在进行产品推介时需以"客户至上"为服务宗旨，实事求是、符合礼仪规范地向客户介绍金融产品及服务。

（五）与竞争对手进行比较

营销人员常常会遇到客户将营销人员推介的产品与其竞争对手的产品进行比较的情况，此时，营销人员如何应答将直接反映其业务素质及道德修养的高低。营销人员应牢记，遇到这样的情况，永远不要说竞争对手的坏话，即使是客户在大谈特谈竞争对手的不是。营销人员若能强调双方之间的不同之处，客观地给客户以意见，大方地称赞对方是个不错的竞争对手，这样的表现将更加容易博得客户的信任与好感。

（六）应对客户的拒绝

拒绝是客户的习惯性反应。客户经常向前来营销产品或服务的人表示拒绝，有时候他们甚至可以用一个千篇一律的理由打发走所有的营销人员。一般来说，拒绝包括三种：一是拒绝营销人员本身；二是客户本身有问题；三是对金融机构或是产品没有信心。

通常情况下，只有研究客户拒绝的原因才能了解客户真正的想法。如要积极应对这些问题，就要求营销人员既要掌握灵活的方法又要了解必要的原则及礼仪规范。

（七）帮助客户做决定

帮助客户做决定，是接触营销中一个很重要的环节，它直接体现了营销人员的专业水平。学会帮助客户做决定就要掌握客户的心理变化规律：表示注意—产生兴趣—提出疑问—进行比较—完全相信—决心购买—感到满意。

一名优秀的营销人员要善于为客户做正确的决定，要具体分析客户的实际情况，站在有利于客户的角度作出双赢的决定。

(八) 超越客户的期望

金融客户对企业的期望值越来越高，客户的需求也越来越多样化，营销人员只提供简单的基本服务已经难以让客户满意了。只有超越客户期望的服务才能让客户感动，才能造就客户忠诚，才能让企业拥有源源不断的效益。

营销活动中，以客户需求作为切入点，以营销礼仪规范作为行为标准，正是超越客户期望从而变得忠诚的万能钥匙。营销人员只有处处为客户着想，最大限度地为客户创造价值，超越客户的期望，才有可能打造对企业忠诚的客户团队。

◆ **反馈小结**（见图 4 – 6）

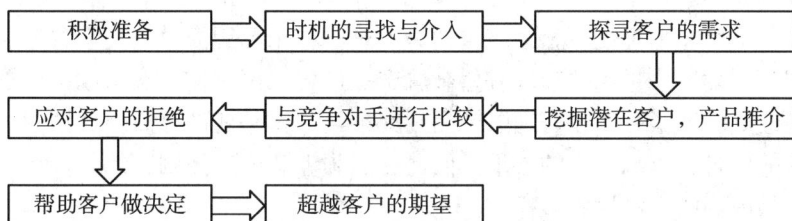

图 4 – 6　接触营销礼仪

◆ **延展训练**

以小组为单位，设计一份保险营销员与客户进行产品推介的案例，进行情景模拟训练。

三、金融行业网络营销礼仪

◆ **情境导入**

这一天，小 A 正在用计算机和一位 50 多岁的男性客户进行业务交流，年轻的小 A 为了活跃气氛，和对方拉近距离，使用了很多网络语言，如"酱紫（这样子）""元芳，你怎么看？""有木有"等。聊着聊着，对方客户就不再回复了，小 A 一头雾水，不知道自己哪里出了问题。

◆ **任务描述**

主管让小 A 反思网络营销时语言的使用规范。

◆ **任务分析**

在"一对一"双向交互式网络营销中，对网络客服人员进行网络客服礼仪的训练与规范，能够有效地吸引和留住他们，并最终将其转换为企业的用户，从而将网络营销的效益最大化。在网络营销手段层出不穷的今天，如何实实在在地留住客户才是根本，发掘潜在用户、维护现有客户，才能实现网络营销的最终目的。

◆ **任务实施**

（一）网络广告营销礼仪

1. 要以情感人。广告宣传虽然是对自己企业及产品的一个宣传和促销，但广告语的运用只有从消费者的立场出发，体现出对消费者的关心、体贴和责任心，以情感人，才能被消费者所接受。

2. 要讲诚信。金融行业的允诺应当务实，不应有让顾客产生过度期望而企业无力达到的允诺。金融行业必须实现广告中的诺言，才能取信于顾客。但由于金融业服务性成分很高，其服务表现往往会因递送者的不同而各异，因此金融业有必要使用一种可以确保其表现的最一致标准的方法，即只允诺最起码的服务标准。

3. 广告语要凝练。广告语言尽可能用简洁、凝练、生动、适合目标公众的语言，在少量的时间内给公众以艺术享受。金融广告的最大难题在于要用简单的文字和图形，传达所提供产品的领域、深度、质量和水准，有些金融产品广告，可以使用图像或符号来协助传递广告信息，但有些产品如银行的投资理财产品则必须给予详尽的解释。但这样做，则很可能会形成冗长啰唆的广告，影响广告的效果。因此，必须注意运用简明精练的言辞、图像，贴切地把握金融产品内涵的丰富性和多样性。

4. 要注意表现形式和媒体是否与广告意图协调，如版面设计是否合理，广告媒体选择是否恰当等。

5. 要强调利益。能引起注意的有影响力的广告，应当强调顾客购买使用产品所得到的利益，而不是强调一些技术性细节。强调利益才符合营销观念，也与满足顾客需求有关。当然，广告利益诉求，必须建立在充分明确了解顾客需求的基础上，以确保广告的有利影响效果最大。

（二）微信营销礼仪

1. 申请关注被通过后，主动打招呼。看到微信提示通过以后，要主动和人打招呼。先简单介绍一下自己，说明一下关注的理由，让对方感觉到被重视。

2. 设置真人头像，亲和力强。一张微笑的、职业感强的真人头像，可以加分不少，提高客户的信任程度；也可以用卡通的 Q 版。但是不要用一些虚拟的风景、人物，尤其不要用人物类，如佛祖、领袖人物、名人明星等。

3. 个人签名积极、阳光。一句消极的签名长期放在那里，会抹杀自己在客户心目中的形象。作为营销人员，签名会让很多重要顾客看到，不能过于随便。为了便于客户联系，可以在签名中写上联系电话、QQ 等，或者让人有启发的名言。

4. 发话要有信息量，节省彼此的时间。不要只发"你好""在吗"等没有意义的内容，让别人反过来再问：有何贵干？客户可能当时不在线或忙碌，写下自己的来意，客户看到后，可以尽快回应。

5. 分享慢慢来，不要刷屏。不要在短时间内，连续发两条以上内容，尤其是内容相近。这样就会霸占朋友的手机屏幕，惹人反感。

6. 紧急的事，别用语音。如果客户在开会，或者在人流密集的地方，不方便听语音，这会影响他回应你的速度。而且不太熟的客户，先不要用语音，这样显得不够正式，也不够尊重对方。

◆ **反馈小结**（见图4-7）

图4-7 网络营销礼仪

◆ **延展训练**

选取一种金融服务或产品，试着用不同的网络营销途径对其营销，并在营销过程中注意网络营销礼仪的运用。

【模块知识巩固】

选择题

（1）下列关于电话接听基本礼节，表述不正确的是（   ）。

    A. 保持正确的姿势

    B. 复诵来电要点

    C. 道谢后，随即挂上电话

    D. 保持悦耳的声音和良好的表情

（2）报出自己所在公司名称和部门后，询问对方的身份时，最恰当的说法是（   ）。

    A. "请问您尊姓大名？"

    B. "你是谁？"

    C. "你是……或者……再或者……"

    D. "你叫什么名字？"

（3）5W1H通话要点中的"1H"指的是（   ）。

    A. 对方合宜的通话时间

    B. 如何在电话中恰当表达主题

    C. 打电话的理由

    D. 商谈的细节

（4）你想与客户的高级主管通电话，可与你交谈的是普通职员，此时正确的做法是（   ）。

    A. 拒绝与普通职员交谈

    B. 松一口气，态度变得松懈

    C. 语气傲慢无礼

    D. 仍然保持原有的口吻和态度

（5）关于拨打电话的基本礼节，下列表述错误的是（   ）。

    A. 为了缓和气氛，和对方玩猜谜性游戏

    B. 打电话者要主动终止通话

C. 事先列好通话清单

D. 电话接通后，先征询对方是否方便接听电话

（6）客户在电话中评论公司的另一客户，你应当（　　）。

A. 向客户提供有关另一客户的资讯

B. 就客户所说发表评论

C. 倾听客户的评论，不发表意见

D. 转移话题

（7）关于接打电话的细节，下列说法错误的是（　　）。

A. 通话过程简单、明了

B. 语速要快，传达信息量多

C. 多用尊称

D. 频频应答对方

【项目实训】

◆ 实训内容

模拟金融行业工作人员与客户电话沟通贷款事宜。在模拟情景下，以小组为单位，用课上约 20 分钟的时间，自拟情节，结合金融行业工作人员电话礼仪知识要点，模拟演练工作电话的全过程。

◆ 上交作业

实训报告一份。

◆ 实训要求

（1）在模拟实训室，准备好模拟演练的用品用具。

（2）分别模拟演练金融行业工作电话中每一步骤的内容要点，每一小组模拟演练的时间在 8 分钟之内。

（3）自我检查与小组成员相互检查相结合，教师最后加以点评和提出修改意见。

◆ 评分标准

（1）操作程序40% + 实训态度20% + 小组协作情况20% + 服务效果20%（见表4-6）。

表4-6　　　　　　　　　　　　　　评分标准和要点

项目	分值比例/%	评分要点
操作程序	40	语言得当，礼仪规范
实训态度	20	工作主动，积极参与
小组协作情况	20	团队合作精神好，合作能力强
服务效果	20	服务周到，客户满意

（2）教师 60% + 小组互评 20% + 自评 20。

模块三　金融行业涉外服务礼仪

【模块导学】

随着国际交往的不断深入，来自不同国家或文化背景的人们进行的交流日益增多，金融行业为外国人提供服务的情况越来越多，这种跨文化交际逐渐成为人们生活中不可或缺的内容。不同的民族和国家的人们有着各具特色的文化，那么在金融服务过程中，如何才能更好地进行涉外交际服务，就成为我们值得深思的话题。

【模块内容】

涉外金融服务基本礼仪
涉外地区及部分国家的礼俗习惯

【学习目标】

知识目标：了解涉外金融服务基本礼仪，掌握不同国家的礼俗习惯。

能力目标：具备金融行业工作人员涉外交际中的规范礼仪，能够在涉外金融交往中自觉遵守国际惯例，能够根据金融行业的相关涉外礼仪知识开展涉外金融服务。

情感目标：能够认识到涉外礼仪对金融工作的重要性，体现大国风范，维护自身形象和国家尊严。

一、涉外金融服务基本礼仪

◆ 情境导入

这一天，小 A 接到主管的任务，在公司门口等待即将到来的外国贵宾。不久，一辆黑色高级轿车停在了公司门前。小 A 看到后排坐着两位男士，前排副驾驶座上坐着一位身材较高的外国女宾。小 A 一步上前，以优雅姿态和职业性动作，先为后排客人打开车门，做好护顶姿势，并目视客人，礼貌亲切地问候，动作麻利而规范、一气呵成。关好车门后，小 A 迅速走向前门，准备以同样的礼仪迎接那位女宾下车，但那位女宾满脸不悦，小 A 茫然不知所措。

◆ 任务描述

通常后排座为上座，一般凡有身份者皆此就座。优先为重要客人提供服务是金融服务程序的常规，这位女宾为什么不悦？小 A 错在哪里？

◆ **任务分析**

尊重妇女是一种社会公德。在西方国家流行着这样一句俗语："女士优先"。在社交场合或公共场所，男子应经常为女士着想，照顾、帮助女士。诸如：人们在上车时，总要让妇女先行；下车时，则要为妇女先打开车门；进出大门时，主动帮助她们开门、关门等。西方人有一种形象的说法："除女士的小手提包外，男士可帮助女士做任何事情。"小 A 未能按照国际上通行的做法先打开女宾的车门，致使那位外国女宾不悦。

◆ **任务实施**

涉外礼仪，是涉外交际礼仪的简称。即中国人在对外交际中，用以维护自身形象、对外交往对象表示尊敬与友好的约定俗成的习惯做法。金融从业人员接待外籍客人，或者到国外出差，应正确地运用涉外礼仪。

（一）涉外金融服务中的交际礼仪

1. 见面介绍。在涉外交际场合，人们相互认识往往需要经过介绍。自我介绍时，要主动自然地讲清自己的姓名、身份等内容；为他人作介绍时，应说明被介绍人姓名、身份和与自己的关系，一般应遵循三个原则：

（1）把男士介绍给女士；

（2）把年轻人介绍给年长者；

（3）把身份低的人介绍给身份高的人。

介绍时要以手示意，不能用手指点；被介绍人应有礼貌地起立，微笑点头，并致以问候；彼此认识后通常要握手，握手时，主人先向客人伸手，身份高的先向身份低的伸手；男士被介绍给女士时，女士一般只微笑着问好，是否握手应由女士来定。

初次见面，可主动双手向对方递上自己的名片，并将有文字的一面顺对着对方；接受对方名片时，也应双手，并当即浏览，然后妥善收置，不可随意扔在桌上、放入裤兜或拿在手里把玩。

2. 姓名称呼。由于各国历史背景和风俗习惯的区别，人的姓名排列顺序大体上分三类：

（1）姓前名后：中国、朝鲜、越南、日本、蒙古国、阿富汗、匈牙利和一些非洲国家。

（2）名前姓后：欧美各国等。

（3）有名无姓：缅甸、印度尼西亚。

按国际惯例，一般称男子为先生，称女子为夫人、女士、小姐。已婚女子称夫人，未婚女子称小姐。对不了解婚否的女子可称小姐，对戴有结婚戒指的可称夫人。这些称呼前均可冠以姓名、职称、头衔等，如"施密特先生""市长先生""上校先生""玛丽小姐""秘书小姐""护士小姐""怀特夫人"等。对部长以上的官员一般称"阁下"。君主制国家称国王，称皇后为"陛下"，称王子、公主、亲王为"殿下"。

3. 拜访礼节。到外国人办公室或住所（宾馆），均应预先约定、通知，并按时抵达。如无人迎候，进门前先按门铃或敲门，以主人应允后方得进入。如无人应声，可再次按门铃或敲门（但按门铃时间不要过急过长）。无人或未经主人允许，则不得擅自进入。

进入室内，如说话所需时间较短，则可不坐下，事毕也不要逗留；如所需时间较长，则要在主人邀请之下方可入座。在没有预先安排的情况下，谈话时间尽量不要过长。如需洽谈，应安排在宾馆其他合适的场所进行。

4. 对外赠礼。在涉外交往中，为了表达友谊、祝贺或为了纪念，往往需要送一些小礼品。选择礼品时应考虑客人的爱好、习惯和忌讳，同时应考虑具有一定的纪念意义、民族特色、艺术价值和实用价值，一般可选用本市小件土特产、工艺品、纪念品、水果或鲜花等。赠送的礼品要用礼品纸包扎，并用彩带系上花结。外国人接到礼品后往往有当面打开包装并加以欣赏、赞赏的习惯，当遇到这种情况时，送礼人可进一步对礼品作一些介绍说明。

5. 女士优先。为表示尊重妇女，男士往往事事以"女士优先"为指导，尤其是西方国家。上层人士尤为重视这一礼仪。人们发表演说，开场称呼总是要先说"女士们"，再说"先生们"；进出电梯，出入门厅，男士要抢先一步把门打开，然后让女士先行；与女士一同进餐，男士应把椅子从餐桌下往外拉开，女士站到位后再把椅子推回，让她坐下；上楼梯时，是女先男后，下楼梯则是男前女后，以防发生意外时男士可以设法保护女士。总之，男士应当尽可能地为女士效劳，尽量为她们提供方便。

（二）涉外金融服务中的次序礼仪

1. 行进中的次序。

（1）出入电梯。出入无人值守的电梯，陪同者应先进后出；出入有人值守的电梯，陪同者应后进后出。

（2）出入房门。出入房门时，若无特殊原因，位高者先出入房门；若有特殊情况，如室内无灯而暗，陪同者宜先入。

（3）上下楼梯（见图 4-8）。一般而言，上楼下楼宜单行行进，以前方为上。男女同行时，尤其当女士穿着短裙时，上下楼宜令女士居后。陪同者引导客人上楼时应行在后，下楼时应行在前。

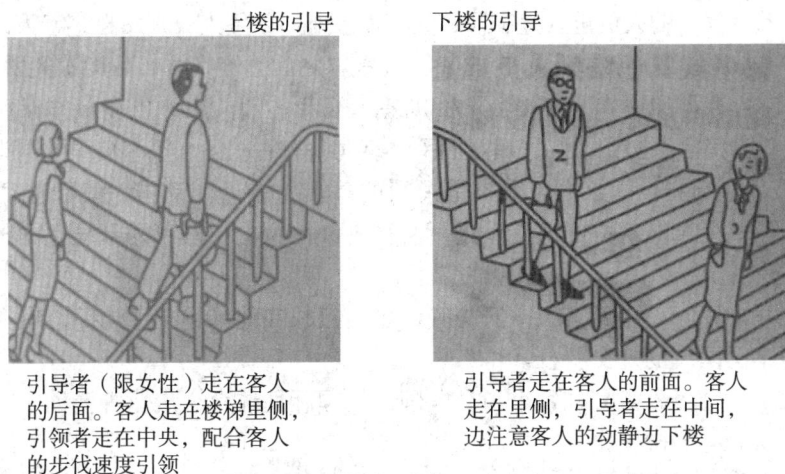

引导者（限女性）走在客人的后面。客人走在楼梯里侧，引领者走在中央，配合客人的步伐速度引领

引导者走在客人的前面。客人走在里侧，引导者走在中间，边注意客人的动静边下楼

图 4-8 上下楼梯次序

127

2. 乘坐轿车的位次排列。座位的尊卑，依每排右侧往左侧递减。

（1）公务乘车，上座为后排右座（见图4-9）。

（2）主人开车，上座为副驾驶座（见图4-10）。

（三）涉外金融服务中的会议礼仪

1. 签字仪式。参加签字仪式的，基本上是双方参加会谈的全体人员。双方为了对签订的协议表示重视，往往由更高的领导人出席签字仪式。

一般在签字厅设置一张长方桌作为签字桌，桌面覆盖深色台呢，桌后并列置放两把椅子，供双方签字人使用，主左客右。座前摆放各自保存的文本，上端分别放置签字文具，中间摆一旗架，悬挂签字双方的国旗。

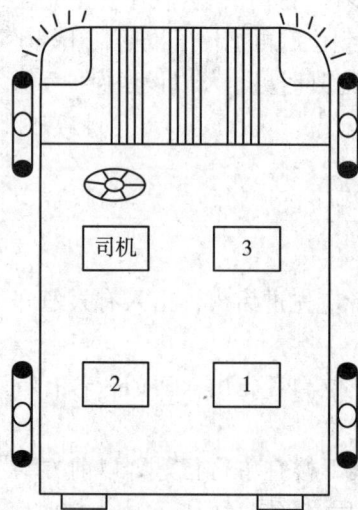

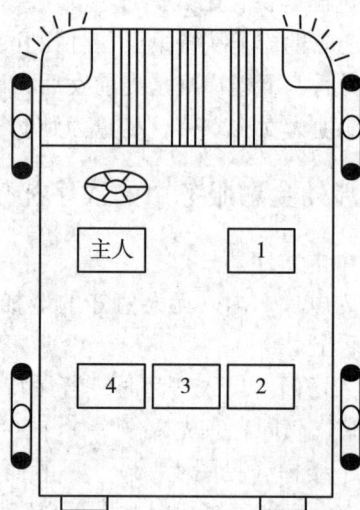

图4-9　公务车上座　　　　　　　图4-10　主人开车上座

双方参加签字仪式的人员进入签字厅，签字人入座，助签人分别站在签字人外侧，其他人员分主客各一方按身份顺序排立于各自的签字人座位之后。签字时，由助签人协助翻开文本，指明签字处，本方保存的文本上签毕后，由助签人互相传递文本，再在对方保存的文本上签字，签妥后由双方签字人交换文本，相互握手。有时备有香槟酒，签字后，共同举杯庆贺。

2. 国旗悬挂。国旗是国家的象征，是民族的尊严。涉外活动中，我们往往通过悬挂国旗表示对本国的热爱和对他国的尊重。国际交往中，一个主权国家内悬挂他国国旗有着一些公认的通行惯例。

按国际关系准则，一国元首、政府首脑、议会议长在他国领土上访问，有在其住所及交通工具上悬挂本国国旗的外交特权。

国际会议上，会场外需悬挂每个与会国国旗；国际性体育、展览等活动中，也要在有关正式场合悬挂所有与会国国旗。

悬挂双方国旗，以右为上，左为下。两国国旗并挂，以正面为准，右挂客方国旗，左挂本国国旗；汽车上挂旗，驾驶员左手为主方，右手为客方。双方对坐会谈时，主客双方分别在各自主谈人桌上用旗架悬挂本国国旗。

国旗不能倒挂，也不能反挂。

◆ **反馈小结**（见图4-11）

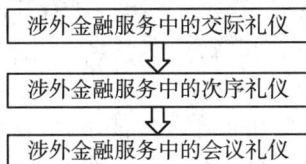

```
涉外金融服务中的交际礼仪
        ⇓
涉外金融服务中的次序礼仪
        ⇓
涉外金融服务中的会议礼仪
```

图4-11　涉外金融服务礼仪

◆ **延展训练**

"世界贸易展览会"即将在广州召开，有120个国家和地区参展，要怎样进行会场各国国旗悬挂？中国国旗应该悬挂在什么位置？

二、涉外地区及部分国家的礼俗习惯

◆ **情境导入**

由于业务成绩出色，小A随团到中东地区某国考察。抵达目的地后，受到东道主的热情接待，并举行宴会招待。席间，为表示敬意，主人向每位客人一一递上一杯当地特产饮料。轮到小A接饮料时，一向习惯于"左撇子"的小A不假思索，便伸出左手去接，主人见情景脸色骤变，不但没有将饮料递到小A的手中，而且非常生气地将饮料重重地放在餐桌上，并不在理睬小A。

◆ **任务描述**

主管让小A想一想自己哪里做得不对。

◆ **任务分析**

"入境而问禁，入国而问俗，入门而问讳"（《礼记·曲礼上第一》）。小A在出国考察前，理应对中东地区的忌讳习俗有一个基本的了解，但小A却忽略了这一点。中东地区是伊斯兰教教徒最为集中的地区，不少国家还把该教定为国教。按伊斯兰教教规习俗，左手是拿不干净东西的，故在人际交往中，忌用左手递接物品。当东道主用右手递送饮料时，小A应用右手接取，但小A仍然按国内养成的习惯用左手去接，这是犯了中东地区不用左手的忌讳，而且是对主人的极大侮辱。

◆ **任务实施**

（一）亚洲部分国家的礼俗习惯

1. 日本。日本位于东亚，国名意为"日出之国"，领土由北海道、本州、四国、九州4个大岛及7200多个小岛组成，总面积37.8万平方千米。主体民族为大和族，通用日语，总人口约 1.26 亿人。日本是一个高度发达的资本主义国家，其资源匮乏并极端依赖进口，发达的制造业是国民经济的主要支柱，其国民普遍拥有良好的教育、极高的生活水平和国民素质，至今仍较好地保存着以茶道、花道、书道等为代表的日本传统文化。

（1）社交礼仪。日本人在社交活动中，爱用自谦语言，并善于贬己怡人。"请多关照""粗茶淡饭、照顾不周"等，是他们经常使用的客套话。他们很重视衣着仪表的美观，在公开场合，一般都要着礼服，以西装套服较为常见。日本人不习惯以烟待客，他们自己吸烟时，一般不向客人敬让。因为吸烟有害健康，不能用来招待至亲好友。

日本人的等级观念很强，上、下级之间，长、晚辈之间的界限分得很清楚。妇女一般对男子极为尊重。他们在社会交往中最好送礼，而且注意实惠，讲究礼品的颜色。一般在遇吉事送礼中喜用黄白色或红白色；在遇到不幸的事情时，送礼惯用黑白色或灰色。他们对白色感情较深，视其为纯洁的色彩；日本人还喜爱黄色，认为黄色是阳光的颜色，给人以生存的喜悦和安全感。他们喜欢乌龟和鹤类等动物，认为这些动物是吉祥和长寿的象征。

日本人相互见面多以鞠躬为礼。比较熟悉的人见面互相鞠躬以二三秒钟为宜；如果遇见好友，腰弯的时间要稍长些；在遇见社会地位比较高的人和长辈的时候，要等对方抬头以后把头抬起来，有时候甚至要鞠躬几次。

在私人家里招待客人是难得的事。如果你真去日本人家里做客的话，那么一踏进门就先脱下帽子手套，然后脱下鞋子。按习惯，要给女主人带上一盒糕点或糖果，而不是鲜花。

（2）节日习俗。日本的节日主要包含国家节日和民间传统节日。日本的法定节日一共包含 15 个，分别是元旦、成人节、建国纪念日、春分日、昭和纪念日、宪法纪念日、绿色节、儿童节、海的日、敬老日、秋分日、体育节、文化节、勤劳感谢日以及天皇诞生日。

（3）信仰忌讳。日本人大多数信奉神道和大乘佛教，有"过午不食"的教规。他们不喜欢紫色，认为紫色是悲伤的色调；最忌讳绿色，认为绿色是不祥之色。日本人忌讳"4"，任何东西不要送四件的，主要是"4"和"死"的发音相似，很不吉利；他们对送礼特别忌讳"9"，会误认你把主人看作强盗。还忌讳 3 人一起"合影"。他们认为中间被左右两人夹着，这是不幸的预兆。

日本人使用筷子有很多忌讳：忌把筷子直插饭中，认为这有供奉死者的含义；忌用舌头舔筷子，认为这样极不雅观；忌用筷子穿、插着食物吃，认为这不该是饭桌上应有的举动；忌用筷子从菜中拨弄着吃，认为这是一种不良习气、缺乏礼教；忌用筷子动了一个菜不吃，又动另一个菜，认为这种挑剔的举止会让人耻笑；忌把筷子跨放在碗碟上面，认为这会令人联想起不幸的事情；忌以筷子代牙签剔牙，认为这样既不卫生，又会使人作呕；忌扭转筷子，用嘴舔取粘在筷子上的饭粒，认为这是一种坏毛病，没出息；忌拿筷子在餐桌上游寻食物，认为这是缺乏教养的表现；忌用同一双筷子让大家依次夹拨食物，认为这样会使人联想起佛教火化仪式中传递死者骨殖的场面。

日本人在饮食中礼仪忌讳也颇多：招待客人忌讳将饭盛过满过多，也不可一勺就盛好一碗；忌讳客人吃饭一碗就够，第二碗象征性也应再添点，因为只吃一碗，他们认为是象征无缘；忌讳用餐过程中整理自己的衣服或用手抚摸、整理头发，因为这是不卫生和不礼貌的举止。

（4）饮食习惯。日本的特殊地理环境决定了他们独特的饮食习惯，"日本料理"的最大特点就是以鱼、虾、贝类等海鲜品为烹饪主料，或热吃，或冷吃，或生吃，或熟吃。他们的主食是大米，其他的主要粮食有小麦、大麦、小米、玉米、荞麦、糯米、大豆、小豆、甘薯等。这些主要粮食有的做成蒸饭、煮饭、稀粥、杂烩粥、炒饭、豆沙饭团、粽子等；有的则做成米粉团、年糕、面包、烤饼、面条、馒头等作为面食用。他们逢年过生日总喜欢吃红豆饭，以示吉祥。他们很喜欢酱和酱汤，因为它含有大量的蛋白质和铁质，且容易消化，适于老弱病人食用，同时也是日本人家庭中不可缺少的菜谱之一。

2. 韩国。大韩民国，简称韩国，位于东亚朝鲜半岛南部，总面积约 10 万平方千米，主体民族为朝鲜族，通用韩语，总人口约 5041.85 万人。首都为首尔。

韩国是一个新兴的资本主义国家，是 APEC、世界贸易组织和东亚峰会的创始成员国，也是经合组织、二十国集团和联合国等重要国际组织的成员。产业以制造业和服务业为主，造船、汽车、电子、钢铁、纺织等产业产量均进入世界前 10 名。

（1）社交礼仪。韩国人见面时，男子习惯微微鞠躬后握手，并彼此问候。妇女一般情况下不与男子握手，女士之间习惯鞠躬问候，社交时则握手。晚辈、下属与长辈、上级握手时常以左手置于对方右手之上，表示尊敬。在家中小孩应向尊贵的客人行跪拜礼。韩国人有敬老的习惯，任何场合都应先向长者问候。

韩国人与外国人交往时，可能会问及一些私人问题，对此不必介意。在一般情况下，韩国人在称呼他人时爱用尊称和敬语，但很少会直接叫出对方的名字。要是交往对象拥有能够反映其社会地位的头衔，那么韩国人在称呼时一定会屡用不止。

（2）节日习俗。韩国人的主要节日有：新年（每年 1 月 1 日）；民俗节（每年阴历五月初一）；独立纪念日（每年 3 月 1 日）；植树节（每年 4 月 5 日）；儿童节（每年 5 月 5 日）；佛诞日（每年阴历四月初八），释迦牟尼诞辰；显忠日（每年 6 月 6 日），追悼烈士；制宪日（7 月 17 日），纪念宪法的制定；光复日（每年 8 月 15 日）；中秋节（每年阴历八月十五）；国军节（每年 10 月 1 日）；开天节（每年 10 月 3 日），纪念公元前 2333 年檀君始祖建国；文字节（每年 10 月 9 日），纪念朝鲜语的创建；圣诞节（每年 12 月 25 日）。

（3）信仰忌讳。访问韩国最好不要在 10 月，因为 10 月的假日太多，圣诞节前后 2 周都不宜去访。韩国人忌讳"4"这个数字，因在韩语中"4"与死的拼写和发音相同，所以韩国房子无 4 号。宴会无 4 桌，医院无 4 号病房，吃东西不吃 4 碗，喝酒绝对不喝 4 杯。逢年过节，忌说不吉利的话，更不能生气、吵架。商务交谈时忌做手势和面部表情，忌过于兴奋，回答问题忌长篇大论。正月头三天不能杀生，不能扫地倒垃圾，寒食节忌生火，生肖相克者忌婚配。

称呼国别（人）时，不要将其称为"南朝鲜"或"朝鲜人"，而宜称"韩国""韩国人"。韩国人的民族自尊心很强，反对崇洋媚外，提倡使用国货。在韩国，穿着一身外国名牌服装的人，往往会被人看不起。

（4）饮食习惯。韩国人的饮食，口味清淡，不喜欢油腻，以辣和酸为主要特点。韩国人以大米为主食，主要是米饭和冷面，爱吃牛肉、瘦猪肉、海味、狗肉和卷心菜等。泡菜是韩国的传统菜肴，"韩国烧烤"也很有特色。

韩国的饮料很多。韩国男子通常酒量都不错，对烧酒、啤酒往往来者不拒。韩国妇女多不饮酒。韩国人喜欢喝茶和咖啡，不喜欢喝稀粥和清汤，他们认为穷人才会如此。

韩国人在用餐时用筷子。近年来出于环保的考虑，韩国的餐馆里往往只向用餐者提供铁筷子。关于筷子，韩国人的讲究是，与长辈同桌就餐时不许先动筷子，不可用筷子对别人指指点点，在用餐完毕后要将筷子整齐地放在餐桌的桌面上。

在宴会上，韩国人一般不把菜夹到客人盘里，而由女服务员替客人夹菜，各道菜陆续端上，每道菜都须尝一尝才会使主人高兴。

3. 泰国。泰王国，简称泰国，是一个位于东南亚的君主立宪制国家。泰国位于中南半岛中部，其西部与北部和缅甸、安达曼海接壤，东北边是老挝，东南是柬埔寨，南边狭长的半岛与马来西亚相连。泰国实行自由经济政策，是世界的新兴工业国家和世界新兴市场经济体之一。制造业、农业和旅游业是其经济的主要部门。泰国是东南亚国家联盟成员和创始国之一，同时也是亚太经济合作组织、亚欧会议和世界贸易组织成员。

（1）社交礼仪。泰国人热情友好很有涵养，总喜欢面带微笑，所以泰国被誉为"微笑的国度"。泰国商人处事小心谨慎，不喜欢冒险。泰国人民的礼仪大多沿用佛教礼仪，除了非常西化的场合，泰国人与人见面或告别时一般不握手，而是行合十礼：双手相合放在胸前，指尖朝上，泰国人称"wai"，行礼时双手抬得越高，表示态度越恭敬，但最高不超过双眼，地位较低者，与尊者见面时，应先行礼，唯独僧人不受约束，与人见面只点头微笑致意。

（2）节日习俗。泰国的主要节日有：元旦，又称佛历元旦，庆祝非常隆重；宋干节，"宋干"在泰语中是"求雨"之意，每年气候干燥炎热、土地干旱、急需雨露滋润时，就举行"宋干"活动，因宋干节与缅甸的泼水节大同小异，故也称泼水节；水灯节，又称"佛光节"，于每年泰历12月15日（每年公历11月）举行，它不仅是喜庆丰收、感谢河神的节日，也是青年男女追求爱情和祈求神佑的欢乐日子；春耕节，在泰历5月（每年公历6月）举行，由泰国国王亲自主持。

（3）信仰忌讳。泰国人最忌触摸别人的头部，即使小孩的头也不可触摸，忌讳拿着东西超过别人的头顶，还禁忌睡觉头朝西，因日落西方象征死亡；不能用红笔签名；忌左手吃东西或交接物品，认为左手不洁；泰国人认为脚是你最下部位，严禁将脚伸到别人面前，忌用脚把东西踢给别人，也忌用脚踢门；就座时，忌跷腿，妇女就座时腿要并拢，否则被视为没有教养；当着泰国人的面，不要踩门槛，因为他们认为门槛下住着善神；购买佛饰时，严禁说"购买"，必须说"求祖"或"尊请"，以防亵渎神灵；在宗教圣地，忌穿裸露的衣服，如背心、短裤等；忌妇女与僧侣身体接触；禁止抚摸寺庙中的佛像。

（4）饮食习惯。泰国人主食为稻米，副食主要是鱼和蔬菜。早餐多吃西餐，午餐和晚餐爱吃中餐，他们爱吃中国的广东菜和四川菜，喜欢吃辣味食品而且越辣越好。还喜食鱼露、味精，不爱吃牛肉及红烧食物，食物中不习惯放糖。泰国人爱喝啤酒、苏打水和白兰地。喝咖啡和红茶时，爱吃蛋糕和干点心，饭后习惯吃苹果、鸭梨等，但不吃香蕉。

（二）欧洲部分国家的礼俗习惯

1. 英国。大不列颠及北爱尔兰联合王国，通称英国，位于欧洲大陆西北面的不列颠群岛，由大不列颠岛上的英格兰、威尔士和苏格兰，以及爱尔兰岛东北部的北爱尔兰及一系列附属岛屿共同组成的一个西欧岛国。总人口超过6400万人，以英格兰人为主体民族。

英国是一个高度发达的资本主义国家，欧洲四大经济体之一，其国民拥有较高的生活水平和良好的社会保障制度。作为英联邦元首国、八国集团成员国、北约创始会员国，英国同时也是联合国安全理事会五大常任理事国之一。

（1）社交礼仪。英国人在社交场合中特别注重礼仪形式，引见客人有自己的规矩习惯：一般要向地位高的人引见地位低的人；向老年人引见青年人；向妇女引见男子；向已婚妇女引见未婚的青年女子。他们特别注意尊重妇女。一般情况下，走路先让妇女行，乘电梯先让妇女进出。他们很喜欢别人在称呼他们时，把姓名的后面加自己的荣誉头衔。

英国人在与客人初次见面时的礼节是握手礼，女子一般施屈膝礼。英国男子戴帽子遇见朋友，有微微把帽子揭起"点首为礼"的习惯。

（2）节日习俗。英国除了宗教节日外还有其他节日，在全国性的节日中，国庆和除夕之夜是最热闹的。英国国庆按历史惯例定在英王生日那天，除夕夜必须瓶中有酒，盘中有肉，象征来年富裕有余。丈夫在除夕还赠给妻子一笔钱，作为新的一年缝制衣物的针线钱，以表示在新的一年里能得到家庭温暖。在苏格兰，人们提一块煤炭去拜年，把煤块放在亲友家的炉子里，并说一些吉利话。

（3）信仰忌讳。英国的主要宗教是新教和罗马天主教，圣公会为英国国教会，教徒占全国人口的近半数。对英国人称呼"英国人"他们是不愿意接受的。因为"英国人"原意是"英格兰人"，而你所接待的宾客，可能是英格兰人、威尔士人或北爱尔兰人，而"不列颠"这个称呼则是所有的英国人都能感到满意的称呼。

英国人忌讳4人交叉式握手，认为交叉握手会招来不幸。这可能是因为4个人的手臂正好形成一个十字架的原因。他们很忌讳"13"和"星期五"这些数字与日期。一般都视其为"厄运"和"凶兆"。他们还忌讳"3"数，尤其在点烟的时候，不论用火柴还是打火机，只能点到第2个人，然后要把火熄后，再给第3个人点，认为一次点3人的烟是不吉利的。他们忌讳别人过问他们的活动去向、政治倾向及个人生活，认为这是个人的秘密，不需要别人干涉和了解。他们都忌讳以王室的家事作为谈笑的话题。他们对"厕所"这个词很听不惯，称男厕为"男士室"、女厕为"女士室"。凡遇要上厕所之时，他们一般都爱用"对不起，我要去看我姑妈"一语来替代"我要去上厕所"之意。

英国人同别人谈话时，不喜欢距离过近，一般以保持50厘米以上为宜。他们还特别不喜欢大象及其图案，认为大象笨拙，令人生厌。他们对墨绿色很讨厌，认为墨绿色会给人带来沮丧。他们很忌讳黑猫，尤其是黑猫若从面前穿过，更会使人恶心，认为这将预示这个人要遭到不幸。他们忌讳把食盐碰撒，哪怕你是不小心的，也会使人非常懊丧，认为这是引发口角或与朋友断交的一种预兆。他们忌讳有人打碎玻璃，认为打碎玻璃就预示着家中要死人或起码要有7年的不幸。他们忌讳在餐桌上使水杯任意作响，或无意碰响水杯而又不去终止它作响，认为这样既有失观瞻，又会给人招来不测。

（4）饮食习惯。英国的"烤牛肉加约克郡布丁"被称为国菜。这是用牛腰部位的肉，再把鸡蛋加牛奶和面，与牛肉、土豆一起在烤箱中烤制的菜肴。上桌时，还要另配些单煮的青菜，即为"烤牛肉加约克郡布丁"。普通家庭一日三餐（即早餐、午餐、晚餐），以午餐为正餐。阔绰人家则一日四餐（即早餐、午餐、茶点和晚餐）。早餐一般为燕麦或大麦片、牛奶、糖或盐做的粥、火腿蛋、奶油面包或果酱面包；午餐有冷肉、土豆和用黄瓜、番茄、胡萝卜、莴苣、甜菜头等制作的凉拌菜；茶点一般在下午4～5点，内容是茶、糕饼、面包；晚餐是正餐，要穿礼服，菜肴要丰美。英格兰人一般都爱吃酥皮葱饼；英国的许多海港一带的人，一般都特别喜爱鲱鱼和鲭鱼。

英国人在进餐时，一般都爱先喝啤酒，还喜欢喝威士忌等烈性酒。中国茶叶自17世纪传入英国后，英国人便与茶结下了不解之缘。他们一改过去只喝咖啡、啤酒的习惯，如今，真正的英国人大都有喝"被窝茶"（早晨）、午后喝"过午茶"的习惯。他们平时主要吃英式西餐或法式西餐，对中餐也极为赞赏并乐于品尝。在英国，所有的市镇都有一家以上的中餐馆。他们用餐一般都习惯左手拿餐叉、右手用餐刀，并喜欢在餐桌上备有调味品。

2. 法国。法兰西共和国，简称法国，是一个本土位于西欧的总统共和制国家。法国是一个高度发达的资本主义国家，欧洲四大经济体之一，其国民拥有较高的生活水平和良好的社会保障制度，是联合国安理会五大常任理事国之一，也是欧盟和北约创始会员国、申根公约和八国集团成员国，是欧洲大陆主要的政治实体之一。

（1）社交礼仪。法国人在同客人谈话时，总喜欢相互站得近一些，认为这样显得更为亲近。他们偏爱公鸡，认为它既有观赏价值和经济价值，还有司晨报晓的特殊本领，把它看作为"光明"的象征，并视其为国鸟。他们非常喜爱鸢尾花，认为它是自己民族的骄傲，是权力的象征，国家的标志，并敬其为国花。法国是个盛产鲜花的国家，人们爱花成癖。他们视秋海棠为"热忱的友谊"，把兰花表示"虔诚"，把丁香表示"纯洁"，把大丽花表示"感谢"，把玫瑰表示"爱情"之意，等等。他们对蓝色偏爱，并把蓝色看成是"宁静"和"忠诚"的色彩；对粉红色也较为喜欢，认为粉红色是一种积极向上的色彩，给人以喜悦之感。他们谈话习惯用手势来表达自己的意思，但他们的手势和我们的习惯有所不同。例如，我们用拇指和食指分开表示"八"，他们则表示"二"；我们用手指指自己的鼻子，表示"是我"，但他们的手指指自己的胸膛才表示"是我"；他们还把拇指朝下，表示"坏"和"差"的意思。

法国人在社交场合与客人见面时，一般惯以握手为礼，少女向妇女也常施屈膝礼。他们男女之间、女子之间见面时，还常以亲面颊或面颊来代替相互的握手。法国人还有男性互吻的习俗，两位大男人见面，一般要当众在对方的脸颊上分别亲一下。在法国一定的社会阶层中"吻手礼"也颇为流行，不过施吻手礼时，嘴不应接触到女士的手，也不能吻戴手套的手，不能在公共场合吻手，更不得吻少女的手。

（2）节日习俗。法国人过年有种风俗习惯，家中的酒瓶中不能有剩酒，否则来年要交厄运，因此除夕夜一个个都喝得醉醺醺的。法国人过其他节日也大量喝酒，如每年7月4日的国庆节（攻克巴士底狱纪念日）。万灵节（每年1月1日），也称诸圣瞻礼节，是法国祭奠先人及为国捐躯者的节日。他们还认为元旦这天的天气可以预兆新的一年光景。

（3）信仰忌讳。法国人大多信奉天主教，其次是新教、东正教和伊斯兰教。法国人忌讳黄色，对墨绿色也极为反感。他们视孔雀为祸鸟，认为仙鹤是蠢汉和淫妇的象征，视菊花为丧花；认为核桃、杜鹃花、纸花也是不吉利的。他们很忌讳"13"这个数字，认为"13""星期五"都是不吉利的，甚至是大祸临头的一种预兆。他们把对老年妇女称呼"老太太"视为一种污辱的语言。他们忌讳男人向女人赠送香水，否则，就有过分亲热或有"不轨企图"之嫌。他们忌讳别人打听他们的政治倾向、工资待遇以及个人的私事，否则，他们会产生疑心的。对法国人来说，初次见面就送礼，会被认为是不善交际的，甚至还会认为你行为粗鲁。在饮食上，法国人不爱吃无鳞鱼，也不爱吃辣味重的菜肴。

（4）饮食习惯。法国是世界三大烹饪王国之一。法国人是很讲究吃的，而且舍得花钱。在餐饮中，他们对于逊色的菜，是不愿意接受的。法国人同酒结下了不解之缘，据有关资料介绍，法国人均每年要喝75升葡萄酒。另外，法国人对菜肴和酒的搭配也很有讲究，他们认为，饭前一般要喝度数不高的甜酒，习惯称之为"开胃酒"；吃饭时要喝不带甜味的葡萄酒或玫瑰酒；吃肉时一般喝红葡萄酒；吃海味时喝白葡萄酒或玫瑰酒；饭后要喝一点儿带甜味的"消化酒"；每逢宴请还要喝香槟酒，以增加席间欢乐的气氛。

法国人非常喜欢中国菜肴，仅首都巴黎就有中餐馆2600多家，占全市餐馆总数的1/4左右，市内每隔几百步就有一家中国饭店。法国著名的饮食评论家、饮食杂志主编亨利·高特盛赞中国菜肴有四大特色：保持真味、样式丰富、火候恰到好处、极有营养，是世界第一流的烹调技术。他们一向把用餐看成是件大事情，有些人还认为无论如何不能站着吃饭，更不能用手抓取食物，这些都很不雅观，并有失自己的风度。因此，他们对自助餐和鸡尾酒很不以为然。

法国人对烹调技术极为重视，他们讲究菜肴的色、香、味、形，操作上很重视掌握火候。法国菜有个突出的特点，即尤为偏重菜品的鲜嫩程度。因为他们一般都喜欢吃略带生口、极为鲜嫩的美味佳肴。干酪是法国人餐桌上的主要食品之一，他们爱在三明治中夹上干酪或意大利饼的馅，也愿把它当作喝茶的点心。法国人一般都乐于喝生水（自来水），不习惯喝开水。

3. 德国。德意志联邦共和国，简称德国，是位于中欧的联邦议会共和制国家。该国由16个联邦州组成，首都为柏林，领土面积 357167 平方千米，人口约 8110 万人，以德意志人为主体民族。德国是一个高度发达的资本主义国家，欧洲四大经济体之一，其社会保障制度完善，国民具有极高的生活水平。德国在基础科学与应用研究方面十分发达，以理学、工程技术而闻名的科研机构和发达的职业教育支撑了德国的科学技术和经济发展。以汽车和精密机床为代表的高端制造业，也是德国的重要象征。

（1）社交礼仪。德意志人比较注重礼节形式。在一般社交场合上，他们总乐于在打招呼时对方称呼他们的头衔。他们在与朋友相见或告别时，总习惯互相把手握了又握，似乎这样他们的心情会更高兴的。他们待人诚恳坦直，如果你在街上向陌生的德意志人打听问路，他们会很热情地为你解答和指引迷津，有的甚至还会不辞辛苦地陪送你找到要去的地点。宴会用餐席位原则是"以右为上"，一般男人要坐在妇女和职位较高男人的左侧，当女士离开饭桌或回来时，男人一定要站起来，以表示礼貌。他们很讲究会客或宴请的地点，注重设备的豪华和现代化程度。他们还乐于在幽雅、卫生的厅堂里用餐。他们不注重时装的花哨时髦和衣冠楚楚，但都很注重衣冠的整洁，即使是观看文艺演出，男的也要穿礼服，女的也要穿长裙。

德意志人心目中有一种信念，认为谁在路上遇到烟囱清扫工，便预示着一天都会交好运。据说这一习俗是源于过去清扫工为民清扫烟囱，避免了一些灾祸，至今人们记忆犹新。这样，清扫工也就成了给人们带来幸福的人。他们最爱蓝色的矢车菊，并视之为国花，用以启示人们小心谨慎、虚心学习。他们还认为矢车菊象征日耳曼民族爱国、乐观、俭朴等特征。他们对白鹳倍加喜爱，并视其为国鸟。人们还把白鹳在屋顶筑巢看成为吉祥之兆。他们喜用黑灰色，南方人则偏爱鲜明的色彩。

德意志人在社交场合与人见面时，一般惯行握手礼。他们在握手时惯于坦然注视对方，以示友好。他们与熟人、亲朋好友相见时，一般惯施拥抱礼；情侣和夫妻间见面惯施拥抱礼和亲吻礼。

（2）节日习俗。除传统的宗教节日外，啤酒节是德国巴伐利亚州的首府慕尼黑的民间传统节日，每年 9 月最后一周到 10 月第一周持续半个月，热闹非凡。据报道，慕尼黑一地每届啤酒节要喝掉 100 万千克的啤酒。狂欢节，是德意志民族自古已有的传统节日，每年 11 月 11 日 11 时 11 分开始，要持续到来年复活节前 40 天为止，但它的高潮是在最后一周。过完复活节前一周的星期四是妇女节，妇女们这一天不但可以坐市长的椅子，还可以拿着剪刀在大街上公然剪下男子的领带。元旦，也是德国人的重大节日。除夕之夜，男子喝酒打牌，将近零点时，纷纷跳到桌子和椅子上，就意味着"跳迎"新年，接着就扔棍子，表示辞岁。

（3）信仰忌讳。德意志人主要信奉基督教和罗马天主教，另有少数人信奉东正教和犹太教。他们忌讳"13"和"星期五"。认为"13"是厄运的数字，如"13"与"星期五"在同一日，就更不吉利，恐怕就要大难临头了。他们认为核桃是不吉祥之物。他们忌讳四人交叉握手，认为这是不礼貌的做法。他们忌讳蔷薇、菊花，认为这些花是为悼念亡者所用的，因此，它是不能随意作为礼品送人的。他们不喜欢客人随便赠送玫瑰花，因玫瑰花在德国有浪漫的含义。忌讳他人过问自己的年龄、工资、信仰、婚姻状况等问题，认为这统统是个人的私事，无须他人过问干涉。

德意志人不喜欢听恭维话，更不爱听过分的恭维话。他们认为过分的恭维实际上是对人的看不起，甚至是对人的污辱。他们忌讳在公共场合窃窃私语（夫妻和恋人间除外），因为这容易引起他人的疑心。忌讳目光盯视他人，认为这有不轨之嫌。他们忌讳交叉式的谈话，认为这是不礼貌的。他们对红色以及掺有红色或红黑色相间的颜色都不感兴趣。他们不喜欢过于肥浓的菜肴，不爱吃辣，不太爱吃鱼虾。

（4）饮食习惯。德意志人很讲究食物的含热量，所以肉食在一日三餐中占据了突出的地位。他们注重摄取维生素，也吃些蔬菜，但比起肉类的兴趣来，那可就差多了。大餐的主食大多为炖或煮的肉类。除北部沿海地区外，大多数人不习惯吃鱼。他们有个特有的饮食风俗，就是吃鱼不准说话，这恐怕是怕鱼刺扎嗓子或其他原因。他们对早、午餐较为重视，早餐不喜欢喝牛奶，爱喝咖啡或可可，晚餐较为简单，一般都是香肠或火腿吐司。他们用餐时喜欢关掉电灯，只点些小蜡烛，在幽淡的烛光下促膝谈心、进餐饮酒。

德意志人用餐讲究餐具，宴请宾客时，桌上要摆满酒杯、刀叉、盘碟。德国人习惯不同的酒要使用不同的酒杯，吃鱼的刀叉不能用来吃肉和奶酪等。

德意志人饮葡萄酒要分不同场合不同饮法：一般在大型宴会前，人们习惯喝甜葡萄酒；吃鱼、蛋或烤肉时，惯饮红葡萄酒；吃野味时，要喝红葡萄酒；宴会时，应再喝一杯白葡萄酒或低度红葡萄酒，也可以喝上一杯啤酒，外加干酪；最后人们还能喝一杯香槟酒。他们习惯吃西餐，用餐使用刀叉；也非常喜欢吃中餐。

（三）美洲部分国家的礼俗习惯

1. 美国。美利坚合众国，简称美国，是由华盛顿哥伦比亚特区、50个州和关岛等众多海外领土组成的联邦共和立宪制国家，通用英语，是一个移民国家。美国是一个高度发达的资本主义国家，其政治、经济、军事、文化、创新等实力领衔全球。作为世界第一军事大国，其高等教育水平和科研技术水平以及民用航天技术等方面，也是当之无愧的世界第一；其科研经费投入之大、研究型高校和企业之多、科研成果之丰富堪称世界典范。

（1）社交礼仪。美国人性格浪漫、为人诚挚。他们在与互不相识的人交际时，惯于实事求是、坦率直言。即使是自我介绍时，他们也喜欢对自己的情况据实说出，愈真实愈好，对那些谦虚、客套的表白是看不习惯的。过分的客套对他们来说是一种无能的表现；过头的谦虚可能会被他们误认为你心怀鬼胎。在公共场所就座时，他们一般都让长者和妇女坐在右边；走路要让长者和妇女走在右边。他们以好客著称，为了表示友好，使客人感到随便、不拘束，一般乐于在自己家里宴请客人，而不习惯在餐馆请客。他们很健谈，喜欢边谈边用手势手划；彼此间乐于保持一定的距离，一般以50厘米左右间距为好。他们行动喜欢自由自在，不受约束，惯于晚睡晚起，有拖拖拉拉的习惯。请美国人用餐时，他们一般是不提前到达的，而是准时或迟到5~15分钟。

美国人酷爱白色，认为白色是纯洁的象征；偏爱黄色，认为是和谐的象征；喜欢蓝色和红色，认为是吉祥如意的象征。他们喜欢白猫，认为白猫可以给人带来运气。

美国人与客人见面时，一般都以握手为礼。他们习惯手要握得紧，眼要正视对方，微弓身，认为这样才算是礼貌的举止。同女人握手，美国人都喜欢斯文。

美国人在社交场合与客人握手时，还有一些习惯和规矩：如果两人是异性，要待女性先伸出手后，男性再伸手相握；如果是同性，通常应年长者先伸手给年轻者、地位高的伸手给地位低的、主人伸手给客人。他们另外一种礼节是亲吻礼，是在彼此关系很熟的情况下的一种礼节。

（2）节日习俗。圣诞节是大部分美国人重视的节日。感恩节，又叫火鸡节，是美独有的节日，在每年11月的第四个星期四举行，是家人团聚、朋友相聚的全民性节日。另有国庆日（每年7月4日）、母亲节（每年5月的第2个星期日）、父亲节（每年6月的第3个星期日）、植树节（每年4月22日）、情人节（每年2月14日）等。

（3）信仰忌讳。美国人大多信奉新教和罗马天主教，其次为犹太教、东正教、伊斯兰教，印度教和佛教只有少量信徒。

美国人忌讳"13""星期五""3"，认为这些数字和日期，都是厄运和灾难的象征。还忌讳有人在自己面前挖耳朵、抠鼻孔、打喷嚏、伸懒腰、咳嗽等，认为这些都是不文明的，是缺乏礼教的行为。若喷嚏、咳嗽实在不能控制，则应避开客人，用手帕掩嘴，尽量少发出声响，并要及时向在场人表示歉意。他们忌讳有人冲他伸舌头，认为这种举止是污辱人的动作。他们讨厌蝙蝠，认为它是吸血鬼和凶神的象征。

美国人还有三大忌：一是忌有人问他的年龄；二是忌问他买东西的价钱；三是忌在见面时说："你长胖了！"。因为年龄和买东西的价钱都属于个人的私事，他们不喜欢别人过问和干涉。至于"你长胖了！"这句中国人习惯的"赞赏话"，在美国人看来是贬义的，因为在美国有"瘦富胖穷"的概念。他们忌讳黑色，认为黑色是肃穆的象征，是丧葬用的色彩。他们特别忌讳赠礼带有你公司标志的便宜礼物，因为这好像你在为公司做广告。

（4）饮食习惯。美国人在饮食上如同他们的脾气秉性一样，一般都比较随便，没有过多的讲究。但目前他们已越来越重视食品的营养，吃肉的人渐渐少了，海味及蔬菜品种越来越受他们的青睐。他们喜欢"生""冷""淡"："生"是爱吃生菜多，因其特别重视菜肴的鲜、嫩；"冷"是乐于吃凉菜，不喜欢过烫过热的菜肴；"淡"是喜欢少盐味，味道忌咸，稍以偏甜为好。

美国人不习惯厨师烹调中多用调料，而习惯在餐桌上备用调料自行调味。他们平时惯用西餐，一般都一日三餐。早、午餐乐于从简，晚上是一天的主餐，内容比较丰富，但也不过是一两道菜，加上点心和水果。美国人对中餐是普遍欢迎的。他们在使用刀叉餐具方面，一改欧洲人惯于刀叉不换手的习惯，好以右手为刀割食品后，再换叉子取食用餐。他们特别愿意品尝野味和海味菜肴，尤其对蛙肉和火鸡更加偏爱。

2. 加拿大。加拿大位于北美洲最北端，英联邦国家之一，素有"枫叶之国"的美誉，首都是渥太华，著名城市有多伦多、温哥华等。官方语言有英语和法语两种，是典型的双语国家。加拿大是一个高度发达的资本主义国家，得益于丰富的自然资源和高度发达的科技，使其成为世界上拥有最高生活品质、社会最富裕、经济最发达的国家之一。加拿大在教育、政府的透明度、社会自由度、生活品质及经济自由的国际排名都名列前茅。同时，加拿大也是八国集团、20国集团、北约、联合国、法语国家组织、世界贸易组织等国际组织的成员。

（1）社交礼仪。加拿大人性格开朗热情，对人朴实而友好，十分容易接近，相处起来不存在任何的麻烦。日常工作交往中重实利、自由观念较强。但在公共场所较文明礼貌，遵守规则。商务交际应酬中，最大的特点是既讲礼貌，但又喜欢无拘无束，不喜欢繁文缛节。人们相互见面通常是握手，由于欧洲移民占多数，故其礼貌礼节大多与英法两国相似。

加拿大人跟外人打交道时，只有在非常正式的情况下，才会对对方连姓带名一同加以称呼，并且彬彬有礼地冠以"先生""小姐""夫人"之类的尊称。在一般场合里，加拿大人在称呼别人时，往往喜欢直呼其名，而略去其姓。对于交往对象的头衔、学位、职务，加拿大人只有在官方活动中才会使用。

（2）节日习俗。加拿大的主要节日有：国庆节（每年7月1日）。元旦，人们将瑞雪作为吉祥的征兆，哈德逊湾的居民在新年期间，不但不铲平阻塞交通的积雪，还将雪堆积在住宅四周，筑成雪岭。他们认为，这样就可以防止妖魔鬼怪的侵入。枫糖节，加拿大盛产枫树，其中以东南部的魁北克和安大略两省枫叶最多，每年三四月间，一年一度的"枫糖节"就开始了。上千个生产枫糖的农场装饰一新，披上节日盛装，吸引了无数的旅游者。在加拿大东南部港口城市魁北克，每年从2月份的第一个周末起举行为期10天的冬季狂欢节，狂欢节规模盛大，活动内容丰富多彩。

（3）信仰忌讳。加拿大人在禁忌上与欧洲人有很多相同之处。"13"被视为"厄运"之数，"星期五"则是灾难的象征。黑色和紫色是深为忌讳的颜色，忌食各种动物的内脏。鲜花是最普遍的礼物，但不要送百合花，因为那只在葬礼上使用。与加拿大人交谈时不要插嘴，打断对方的话，或是与对方强词夺理。不要处处将加拿大与美国连在一起进行比较，将加拿大视为美国的"小兄弟"，或是大讲美国的种种优点和长处。他们喜欢谈论本国的长处，忌谈个人私事。

（4）饮食习惯。加拿大人饮食习惯与美国相似，喜食牛肉、鱼、野味、蛋和各种蔬菜，口味清淡，不爱吃辣，偏重甜酸。早晨吃西餐，如牛奶、麦片粥、玉米片粥、烤面包等，菜肴很少用调料，而把调味品放在餐桌上自行添加。爱吃炸鱼虾、煎牛排、鸡鸭、糖醋鱼、咕噜肉等。就餐时喜爱喝各种水果汁、可口可乐、啤酒、金酒、葡萄酒、蜜酒、白兰地等。

3. 巴西。巴西联邦共和国，通称巴西，是南美洲最大的国家，享有"足球王国"的美誉，国土总面积854.74万平方千米，总人口2.02亿人，官方语言为葡萄牙语。巴西拥有丰富的自然资源和完整的工业基础，国内生产总值位居南美洲第一，为世界第七大经济体，是金砖国家之一，也是南美洲国家联盟成员。巴西的文化具有多重民族的特性，是一个民族大熔炉，有来自欧洲、非洲、亚洲等地区的移民。

（1）社交礼仪。巴西人在人际交往中大都活泼好动，幽默风趣，爱开玩笑。在与其交往时，心理上要有准备，切忌认为对方是嬉皮笑脸，不够正经。巴西人热情开朗，喜欢公开表露自己的内心情感。无论男女，在大街上相见要握手问好，热情拥抱，尤其是女性通常会脸贴脸，同时嘴里发出亲吻声。

在社交场合，巴西人最常用的称呼是"先生"和"夫人"，用"先生"称呼成年男性，用"夫人""女士"或"太太"称呼已婚女性。关系熟悉的朋友相见，可以称呼姓名。巴西人喜欢他人称自己的职衔或学衔，在正式场合，可以用姓名、职衔、学衔加"先生""夫人"或"小姐"称呼对方。

巴西人喜欢邀朋友到家中做客。客人可以带上一束鲜花、一盒巧克力或一些糖果作为礼物；主人在接受礼物时，总要当着送礼者的面把礼物包装打开看看，然后向送礼人致谢，再收下礼物。巴西人的待客方式十分奇特，客人进门，主人要请客人喝浓咖啡，用一种名叫"咖啡基奥"的精致小杯一杯接一杯地喝，而且除饭后外，其余时间都是宾、主站着喝，边喝边谈，亲切自然。到印第安人家中做客，主人要请来一位巫师向客人脸上吹风，驱散客人带来的疾病，接着由部落酋长致欢迎词，最后由女主人用树枝和唾液调成的红色或黑色的汁在客人脸颊上涂花纹。印第安人另一种迎宾礼是请客人洗澡，这是对客人最尊贵的礼节。

（2）节日习俗。狂欢节（每年2月中下旬）：巴西的里约热内卢每年此时都举行连续3天的传统狂欢节日。届时，全城处处装饰一新，主要街道两旁都搭起漂亮的牌楼和临时观礼台。节日中，无论昼夜，无论老少，人们都在欢乐的气氛之中跳着桑巴舞。每组歌舞及其表演的队伍还要选出"国王"和"王后"，将节日的气氛推向高潮。热烈多彩的狂欢节每年吸引着大量的外国游客。

（3）信仰忌讳。巴西人忌讳数字"13"。忌用拇指和食指连成圆圈，并将其余三指向上升开，形成"OK"的手势，认为这是一种极不文明的行为。他们忌吃奇形怪状的水产品和用两栖动物肉制作的菜品，也不爱吃用牛油制作的点心。他们认为不可将手帕送给别人，因为手帕是和眼泪联系在一起的。他们忌讳紫色，因为紫色在巴西是死亡的象征。他们还忌讳棕黄色，认为这是凶丧之色。

（4）饮食习惯。巴西的主要食物有玉米、大米、牛肉、猪肉、家禽、禽蛋、海味、各种蔬菜、水果等。一种名叫"丘拉斯科"的烤肉是巴西的名菜，几乎家家会烤。巴西的黑人喜欢用豪萨米饭招待客人，这种饭用一种特殊的方法将玉米腌制好，撒上糖，煮熟后拌上干肉和调味品，清香可口。印第安人喜欢用野外动物招待客人，大到鹿、豹，小到蚂蚁、蜜蜂，味道鲜美。

（四）大洋洲部分国家的礼俗习惯

1. 澳大利亚。澳大利亚联邦，简称澳大利亚。其领土面积7686850平方千米，四面环海，是一个奉行多元文化的移民国家。澳大利亚是一个高度发达的资本主义国家，首都为堪培拉。作为南半球经济最发达的国家和全球第12大经济体、全球第四大农产品出口国，其也是多种矿产出口量全球第一的国家，因此被称作"坐在矿车上的国家"。同时，澳大利亚也是世界上放养绵羊数量和出口羊毛最多的国家，也被称为"骑在羊背上的国家"。

（1）社交礼仪。澳大利亚人特别重视人与人之间的平等，讲究礼尚往来，互不歧视。他们认为谁也不比别人优越，谁也不能蔑视别人，人们只有分工的不同，都是相互服务的，不应存在高低贵贱之分，理应相互尊重，强调友谊。他们善于往来，并喜欢和陌生人交谈。他们的言谈话语极为重视礼貌，文明用语不绝于耳。他们很注重礼貌修养，谈话总习惯轻声细语，很少大声喧哗。在他们的眼里，高声喊叫（特别是在楼外喊人）是一种不文明的粗野行为。有"女士优先"的良好社会风气，对妇女都是极为尊重的。澳大利亚人还喜欢赞赏女士的长相、才气、文雅举止等各方面，认为这是一种有教养的表现。

澳大利亚人还有个特殊的礼貌习俗，凡见有来客便敲锣迎接，假如客人久久不走，他们也会以锣声逐客的。

澳大利亚达尔文人，凡是到酒吧间饮酒，都很注意自己的衣着。通常习惯穿衬衫、短裤和长裤搭配成套的达尔文装，否则，会被视为不讲礼貌。

澳大利亚土著人还有一种嚼骨告别的礼俗。每当亲朋好友之间彼此告别时，即要在口中放一根骨头，并用牙齿使劲地咬嚼它，使它发出"格格"的声音，人们以此来互相珍重，盼望重逢。

（2）节日习俗。澳大利亚的节日主要有新年（每年1月1日）、国庆节（每年1月26日）、幸运星期五（每年4月17日）、复活节（每年4月20日）、恩沙克日（军人节，每年4月25日）、女王诞辰（每年6月8日）、赛马墨尔本杯大奖举行日（每年11月的第一个星期二）、圣诞节（每年12月25日）、节礼日（每年12月26日）。圣诞节时，欧美各国一派冰雪景象，澳大利亚却是盛夏，因此商店橱窗里特意装扮的冰雪及圣诞老人与满街的夏装形成鲜明对照，成为澳大利亚圣诞节的特色。圣诞节晚，人们带着饮料到森林里举行"正别居"野餐，吃饱喝足后，就跳起"迪斯科"或"袋鼠舞"直到深夜，然后在森林中露宿，迎接圣诞老人的到来。

（3）信仰忌讳。澳大利亚人大多信奉新教和罗马天主教，此外还有东正教、犹太教和伊斯兰教。在澳大利亚，即使是很友好地向人眨眼（尤其是妇女），也会被认为是极不礼貌的行为。他们对兔子特别忌讳，认为兔子是一种不吉祥的动物，人们看到它都会感到要倒霉，因为这预示着厄运将要临头。他们对"13"很讨厌，认为"13"会给人们带动不幸和灾难。他们忌讳"自谦"的客套语言，认为这是虚伪和无能或看不起人的表现。

（4）饮食习惯。澳大利亚国内居民95%为英国移民的后裔，因此生活及饮食习惯基本与英国人相似，但他们对鱼类的菜肴显得比英国人更爱吃，对中餐他们倍加喜爱。在餐具使用上，一般都以刀叉取食用餐。

澳大利亚墨尔本市人十分喜爱野餐。通常人们的野餐，是把烤肉当作一项重要内容。

澳大利亚一些岛屿上的人，把黏土视为美味佳肴，他们招待远方来客的最好食物就是各色黏土，这也是他们尊敬客人的一种表示。澳大利亚土著人嗜好嚼猪笼草，因为猪笼草是当地的一种含麻醉剂的食物，每当他们友好往来或举行聚会之时，都以此来互相款待共同咀嚼。他们还有食"蜜蚁"昆虫的习惯。食用时，用手捏住它的头部，然后直接用嘴吮吸其腹中的"蜜汁"。

2. 新西兰。新西兰是一个政治体制实行君主立宪制混合英国式议会民主制的国家，现为英联邦成员国之一。新西兰位于太平洋西南部，领土由南岛、北岛两大岛屿组成，首都惠灵顿以及最大城市奥克兰均位于北岛。新西兰是一个高度发达的资本主义国家。世界银行将新西兰列为世界上最方便营商的国家之一，其经济成功地从以农业为主，转型为具有国际竞争力的工业化自由市场经济。鹿茸、羊肉、奶制品和粗羊毛的出口值皆为世界第一。新西兰也是大洋洲最美丽的国家之一，总计约有30%的国土为保护区，拥有3项世界遗产、14个国家公园、3座海洋公园、数百座自然保护区和生态区。

（1）社交礼仪。与外人相见时，新西兰人所行见面礼主要有以下三种：其一，握手礼。这是新西兰人所用最多的见面礼节，但和妇女相见时，必须要等对方先伸出手来再握手。其二，鞠躬礼。新西兰人在向尊长行礼时通常行鞠躬礼。他们行鞠躬礼时具体做法十分独特，与中国人鞠躬时低头弯腰所不同的是，新西兰人鞠躬时是抬着头，挺着胸的。其三，注目礼。路遇他人，包括不相识者时，新西兰人往往会向对方行注目礼，即面含微笑注视对方，同时问候对方"你好！"对于与自己身份相同的人，在称呼姓氏时应冠以"先生""夫人"或"小姐"；但熟人间可直呼对方名字，这样更为亲切。

新西兰的毛利人善于歌舞、讲礼仪，当远方客人来访时，致以"碰鼻礼"，碰鼻次数越多，时间越长，说明礼遇越高。

（2）节日习俗。新年（每年的 1 月 12 日），威坦哲日（国庆，每年的 2 月 6 日），复活节（每年的 4 月 14~17 日），澳新军团日（每年的 4 月 25 日），女王生日（每年的 6 月第一个星期一），劳动节（每年的 10 月最后一个星期一），圣诞节（每年的 12 月 25 日），节礼日（每年的 12 月 26 日）等。

（3）信仰忌讳。由于新西兰人受信仰宗教的影响，故也有西方人通常的忌讳。新西兰人做人比较严肃寡言，并且很讲绅士风度。当众闲聊、剔牙、吃东西、喝饮料、嚼口香糖、抓头皮、紧腰带，均被新西兰人看作是不文明的行为。

（4）饮食习惯。新西兰人的饮食口味较为清淡，副食品有羊肉、野味、鹿肉、龙虾、三文鱼等。新西兰素有"美食天堂"之誉。他们也喜欢吃西餐，特别爱喝啤酒。

（五）非洲部分国家的礼俗习惯

1. 南非。南非共和国，简称南非，地处南半球，有"彩虹之国"之美誉，位于非洲大陆的最南端，陆地面积为 1219090 平方千米。南非是非洲的第二大经济体，国民拥有较高的生活水平，经济比其他非洲国家相对稳定。南非财经、法律、通信、能源、交通业较为发达，拥有完备的硬件基础设施和股票交易市场。黄金、钻石生产量均占世界首位，深井采矿等技术居于世界领先地位。在国际事务中南非已被确定为一个中等强国，并保持显著的地区影响力。

（1）社交礼仪。南非各族人在正式社交场合一般都行握手礼。有的部族的黑人对受尊敬的人习惯用左手握住自己右手手腕，然后用右手与对方握手；当地有些黑人在与尊贵客人相见或分别时，还常送上一支孔雀毛，所以有的客人帽子上插满了羽毛。

（2）节日习俗。南非人在庆祝新年时，要先围成半圆形，集体进行长达几小时的祈祷，待月亮升上来，部落首领便头顶南瓜，徐徐起舞，依次掠过屏息以待的人群，祝福每个人来年顺利。南非黑人一般不承认白人的宗教节日和传统节日，只有不定期举行的宗教仪式庆典及纪念活动，如部落酋长继承仪式、婚丧嫁娶仪式、建房仪式等。

（3）信仰忌讳。在南非，有关种族肤色的界限规定极其严格，忌讳随便谈论当地的种族政策。

（4）饮食习惯。当地白人的餐饮习惯仍保持欧洲传统，以吃西餐为主。黑人部族主要食用面食、奶和肉食。有的部族喜欢用玉米或高粱煮稀饭，用牛奶提制奶油、做奶渣。他们还喜欢饮一种用高粱酿制出的风味啤酒。

2. 埃及。阿拉伯埃及共和国，简称埃及，位于北非东部，在经济、科技领域长期处于非洲领先态势，也是一个非洲的强国，是非洲大陆第三大经济体。埃及经济的多元化程度在中东地区名列前茅，各项重要产业如旅游业、农业、工业和服务业有几乎同等的发展比重。埃及也被认为是一个中等强国，在地中海、中东和信仰伊斯兰教地区尤其有广泛的影响力。

（1）社交礼仪。埃及人，无论在任何场合，熟悉的人见面要打招呼问候，通常是男性握手、女性亲吻。亲密的朋友相逢，总是先握手，再亲吻对方的脸颊，然后手拉手互致问候，除年龄、收入、妻女等个人隐私外，几乎当时能想到的都要问候一遍，问候时间长达数分钟甚至十几分钟。

埃及人热情好客，尤其是对远道而来的朋友会显得非常高兴，一再表示欢迎。到埃及人家里，要预约并准时赴约；女主人不接待陌生男客，客人不可打听或问候女主人；宾、主交谈时，要全神贯注相互正视；客人不能随便与女性交谈，尤其不得与戴面纱的女子搭话，因为男女间存在明显的界限。

（2）节日习俗。莎姆纳西节：每年4月中旬的莎姆纳西节，人们身着盛装汇集于尼罗河畔或金字塔下，迎接埃及夏天的来临，以欢快的歌声迎接和风。然后，人们到公园、广场或田野，在椰枣林荫下享用野餐。许多地方的青年人头戴彩帽，手持纸风车，在民族乐曲的伴奏下歌舞不止。

（3）信仰忌讳。针忌：每天下午3点钟到5点钟是严禁买针和卖针的时间，许多人在夜间忌做针线活，认为倘若违忌，必给母亲带来灾难。在农村，女子严禁借针，阿拉伯女子以"丰腴"为美，所以，当女子被骂为"你简直像根针"时，她将认为是极大的侮辱。

食物忌：去埃及人家做客，忌不把茶水喝完，他们认为客人不喝完茶水预示着主人的女儿找不到婆家。

（4）饮食习惯。埃及人的主食是阿拉伯大饼、面包、炒米饭，副食是牛羊肉、鸡、鱼、蛋、蔬菜等，有特色的菜有烤全羊、烤羊肉串、脆炸大虾、咖喱羊肉、尼罗河鲫鱼、鸽子、火鸡等。柠檬汁和葱头是餐桌上必不可少的调味品。埃及人喜欢甜食，喜欢喝咖啡与茶。在开罗的街头，咖啡摊和甜食摊比比皆是。埃及人有在咖啡摊上进食午餐的习惯，甜食小摊主要经营糯米团、油炸馅饼等甜食。

◆ 反馈小结（见图4-12）

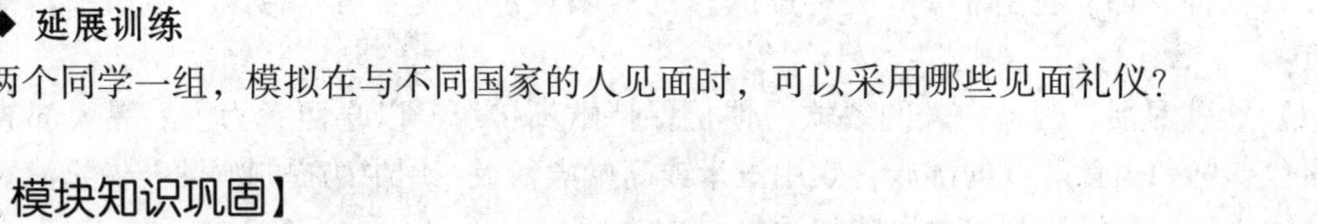

图4-12 涉外礼俗习惯

◆ 延展训练
两个同学一组，模拟在与不同国家的人见面时，可以采用哪些见面礼仪？

【模块知识巩固】

选择题
（1）陪同外宾出入无人值守的电梯时，陪同者应该（　　）。
　　A. 先进先出　　　　　　　　B. 先进后出
　　C. 后进后出　　　　　　　　D. 后进先出
（2）陪同外宾上下轿车，陪同人员应该（　　）。
　　A. 先上先下　　B. 先上后下　　C. 后上后下　　D. 后上先下
（3）接待人员到车站、码头或机场迎接远道而来的外宾，根据外宾到达的准确时间，应该（　　）时间到车站、码头或机场等候。

A. 准点 B. 提前 1 小时

C. 提前 1.5 分钟 D. 晚到 10 分钟

（4）接待人员将外宾送至宾馆后，应该（　　），临走时应该（　　）。

A. 久留在宾馆，留下联系电话

B. 不宜久留在宾馆，留下联系电话

C. 久留在宾馆，不需留下联系电话

D. 宜久留在宾馆，不需留下联系电话

（5）与德国人会面或拜访（　　）。

A. 不需要预约 B. 可以直接去

C. 需事先预约 D. 不一定预约

（6）鞠躬礼是日本最普遍的施礼方式，一般初次见面时的鞠躬礼是（　　）。

A. 15° B. 30° C. 45° D. 90°

【项目实训】

◆ 实训内容

4～8 名同学组成一个学习团队，自拟情节，运用本章课程所学涉外金融服务接待礼仪知识及各国风俗习惯，完成进行不同国家之间的涉外金融接待模拟训练任务。

◆ 上交作业

实训心得一份。

◆ 实训要求

（1）分组进行，分工合作当堂完成任务。

（2）情景设计合理，表述清楚。

◆ 评分标准

（1）文字材料40% + 实训态度20% + 小组协作情况20% + 成果汇报总结20%（见表4 -7）。

表 4 -7　　　　　　　　　　　　　　　　评分标准及要点

项目	分值比例/%	评分要点
文字材料	40	内容表述清楚，条理清晰，排版规范
实训态度	20	工作主动，积极参与
小组协作情况	20	组内优化方案质量高，团队合作精神好，合作能力强
成果汇报总结	20	汇报调理清楚，PPT 制作精良

（2）教师60% + 小组互评20% + 自评20%。

参考文献

1. 钱玲. 银行礼仪实战手册 [M]. 北京：北京理工大学出版社，2016.
2. 王华. 金融服务礼仪. [M]. 北京：高等教育出版社. 2014.
3. 王华. 金融职业礼仪 [M]. 杭州：浙江大学出版社. 2011.
4. 吕艳芝. 银行服务礼仪标准培训 [M]. 北京：中国纺织出版社. 2014.
5. 李颖. 金融行业服务礼仪 [M]. 大连：东北财经大学出版社，2013.
6. 王华. 金融职业礼仪 [M]. 北京：中国金融出版社，2006.
7. 伏琳娜. 金融服务礼仪 [M]. 北京：中国金融出版社，2012.
8. 周伟. 金融职业道德与服务礼仪 [M]. 北京：清华大学出版社，2013.
9. 王华. 金融职业服务礼仪 [M]. 北京：中国金融出版社，2009.
10. 伏琳娜. 金融服务礼仪 [M]. 北京：中国金融出版社，2012.
11. 刘俊. 银行服务礼仪 [M]. 北京：中国金融出版社，2011.
12. 牛静. 现代金融服务礼仪 [M]. 北京：中信出版集团，2011.
13. 云晓晨. 银行礼仪与网点标准化服务培训 [M]. 北京：中国金融出版社，2011.
14. 陆瑜芳. 办公室实务 [M]. 3 版. 上海：复旦大学出版社，2013.
15. 王玉霞. 办公室事务管理 [M]. 北京：清华大学出版社，2010.
16. 聂莉琼. 办公室事务处理 [M]. 北京：北京师范大学出版社，2011.
17. 张丽荣. 办公室实务 [M]. 北京：机械工业出版社，2010.